# 絵で学ぶ古文書講座

漂流民と異国船との出会い

NHK学園講師
油井宏子
Hiroko Aburai

柏書房

# はじめに

古文書（こもんじょ）との出会いは、人との出会いに似ています。人とのすばらしい出会いに胸が躍るように、古文書とのすてきな出会いには、いつも心がときめきます。

江戸時代の文書を読むようになってから、あっという間に三十数年の月日がたちました。その間に各地で多くの文書群に出会い、たくさんのことを学び、新鮮な喜び・深い感動・意外な驚きなどを経験してきました。

どの文書も二百年・三百年という月日を経て、縁あって私たちの時代まで受け継がれてきました。〝よくぞ今まで残っていてくれた〟と、愛おしくなる文書たちです。その一点一点は、様々なことを語りかけてくれます。

本書で取り上げた文書とも、珠玉の出会いをしました。恩師や先輩、研究会の仲間たちと学生時代から調査に通い、目録を作成してきた旧家の数千点の文書群の中に、その文書はありました。このたび、所蔵者のご許可を得て（文書名・所在は本書では非公開）、ご紹介できるのがとてもうれしいです。

その文書には、くずし字だけでなく、数点の絵が描かれていました。

どんな絵でしょうか。

その中の一点を、次のページに挙げてみます。

赤面
薄赤面
黒色面

三人の人物画のようです。

あまりいかめしい様子はなく、温かくほわっとしていて、見ていると和むような気持ちにさえなる愛嬌のある絵です。

いったい、だれが描かれているのでしょうか。何を伝えようとしているのでしょうか。人物の上に書かれた 赤面 薄赤面 鼠色面 というくずし字が、ヒントになりそうです。

赤面 は「赤面」ですから「あかづら」。薄 は「薄」で 薄赤面 は「薄赤面（うすあかづら）」。鼠色面 は「鼠色面」。「ねずみいろづら」と読んでおきましょう。

この三人の顔の色が、〝赤い〟〝薄赤い〟〝鼠色だ〟と言っているのですね。服装や髪形、帽子なども印象的です。

そうです。お察しのとおり、これは異国人を描いたものです。ペリーが来航したのは嘉永六（一八五三）年ですが、それより八年前の弘化二（一八四五）年に書かれた文書の中にあった絵です。開国前の日本で描かれた、ということになります。

しかも、専門の絵師が描いたものではありません。江戸時代の庶民の手によって描かれた絵です。その描き手の人柄も、描かれた人物たちの温かさも伝わってくるからこそ、人間味あふれた素朴な味わいになっているのでしょう。この異国人たちは〝敵〟として描かれていないことは明らかです。

いったいなぜ、鎖国下の日本で、庶民の手によって異国人の絵が描かれたのでしょう。それは、この文書の内容から読み取ることができます。

彼らは、漂流した日本人を助けてくれたのです。ペリー来航の八年前、二艘の和船に乗った二十二人の漂流者たちが、彼らに命を助けられ、浦賀まで連れてきてもらいました。助けてくれたのは、絵に描かれた三人だけではありません。船長以下二十八人の、亜米利加（アメリカ）の捕鯨船の人たちでした。

そもそも、日本人二十二人はどのような経緯で漂流し、異国船に救われたのでしょうか。そして、当時の日本では異国船を受け入れず、漂流民の返還もできるだけ拒んでいたはずなのに、なぜ無事に戻れたのでしょうか。これらのことは、これからじっくり文書を読みながら、探っていきましょう。背景のお話もたくさんしていきます。

私は、何よりもこの文書に描かれた数点の絵に魅せられました。味があって、心に響いてくるものがある絵です。これらの絵が、文章との相乗効果で、事態を眼前に見えるようにしてくれました。「なるほど、なるほど。これがここに書かれていることか」と、思わず微笑んでしまうこともありました。

この件に関連する絵が、このほかにも残されていないだろうか。当時の人たちが描いた絵や文書が、このほかにも残っていてくれたら、と思って探しました。その結果、国立国会図書館や東京都立中央図書館、国立公文書館、東京大学史料編纂所、神戸大学海事博物館、東京海洋大学附属図書館越中島分館、横浜市中央図書館、外務省外交史料館、各地の自治体史などから、多くの絵や関連文書を探しあてることができました。

また、和船やその航海術などに関する先学の研究からは多くのことを学ぶことができますし、現在も残っている船絵馬や難船絵馬などは、とても興味深いものです。

古文書をより身近に感じていただくために、本書にはこれらの絵をできるだけたくさん載せました。くずし字を読めるようになるために、文書を理解するために、これらの絵はとても心強い味方です。

絵で紡ぐ漂流記。絵を楽しみ、くずし字をひも解きながら、江戸時代の漂流民の物語を追体験していくことにしましょう。

二〇一一年三月

油井宏子

# 『絵で学ぶ古文書講座――漂流民と異国船との出会い』目次

**凡例**

1、解読文は、原則として常用漢字を使っていますが、固有名詞その他で旧字・異体字も使用しています。
2、助詞として読む場合には、「者」「江」「而」は漢字のまま小さく右寄せにし、「茂」「与」については「も」「と」と表記しています。
3、解読の際のひらがな読みは、読みやすくするために、読点を多めに打ってあります。

# 第一章　大海を漂流する阿波船

## 第一節　できごとの概要

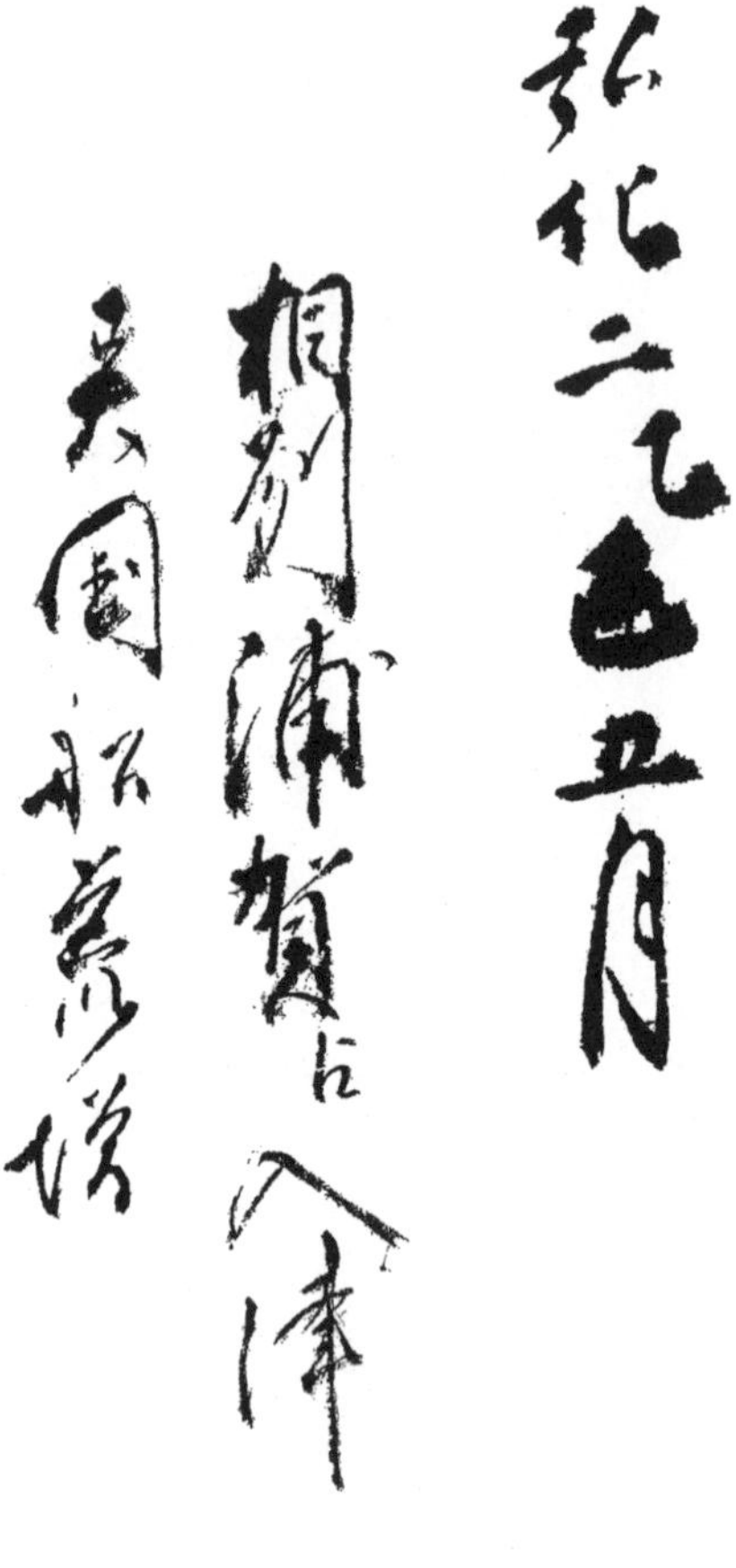

本書で読み解いていく古文書の表紙には、右のように書かれています。

一行目の年号を読んでみましょう。は「弘化二」と読めます。

天保（てんぽう）→弘化（こうか）→嘉永（かえい）→安政（あんせい）と、幕末に近づくにつれ激動の時期になっていきます。

弘化二年は、西暦で言うと一八四五年。その干支がというわけです。

は「乙」。十干（甲乙丙丁戊己庚辛壬癸、コウ・オツ・ヘイ・テイ・ボ・キ・コウ・シン・ジン・キ）の中の「乙（オツ・きのと）」。

は、墨がにじんでいますが「巳」。十二支（子丑寅卯辰巳午未申酉戌亥、ね・うし・とら・う・たつ・み・うま・ひつじ・さる・とり・いぬ・い）の中の「巳（み・シ）」。

「乙巳」で「きのとみ」、あるいは「イッシ」と読みます。

は「五月」ですので、最初の行は、「弘化二乙巳五月（こうかに、きのとみ、ごがつ）」となります。

二行目のは「相州（そうしゅう）」。相模国（さがみのくに）のことですね。今の神奈川県にあたります。そのどこでしょうか。「浦賀（うらが）」と書かれてあります。

は「江（え）」。どこどこへ（え）の「え」です。

「入津（にゅうしん）」は、船が港に入ることです。

相模国の浦賀（現在の神奈川県横須賀市浦賀）に、船が入津したことがわかります。

どこの船でしょうか。それが三行目に書かれてあります。

は「異国船（いこくせん）」。つまり、外国の船です。は「吴」と書かれていて、江戸時代の古文書によく出てくるくずし字です。現在、私たちが使っている「異」の異体字と思われます。

は「荒増」。これは「あらまし」、つまり「概略・おおよそのところ」といった意味ですね。

「相州浦賀江入津、異国船荒増（そうしゅううらがえ、にゅうしん、いこくせんあらまし）」。

〝外国船が浦賀に入津した時の、事の次第の概略を、ここに書き記しておく〟といったことでしょう。

改めて、この文書の年号、弘化二（一八四五）年に注目してください。

浦賀というと、ペリーを連想される方が多いでしょうが、ペリーが軍艦四隻で浦賀にやってきて開国を迫り、アメリカのフィルモア大統領の国書を幕府に渡したのは嘉永六（一八五三）年の六月。この文書から八年後のことです。ですから、この「異国船」は、ペリーが率いた東インド艦隊の旗艦蒸気船サスケハナ、ミシシッピなどではありません。

ということは、この文書は、開港前に「相州浦賀江入津」した「異国船」があったことを示していることになります。これは、きわめて異例とも言うべき興味深いケースです。

本書では、この文書を中心に解読しながら、ほかの関連文書からわかる情報を随時補っていきます。その情報とは、くずし字で書かれた情報だけではありません。ほかの文書に描かれた多くの絵、それは色が付いていたりいなかったりしますが、それらをできるだけ多く載せて、この一件をいろいろな角度から深く掘り下げていくことにしましょう。関連文書や参考文献については、二二九頁から二三一頁に、一覧を載せました。

では、この文書の表紙をめくってみましょう。

表紙の裏（右頁）には、何も書かれていません。

左頁から、文章が始まります。その最初の数行には、この一件の要約とも言うべきものが書かれています。まず、そこを読んでおおよそのことを理解してしまいましょう。

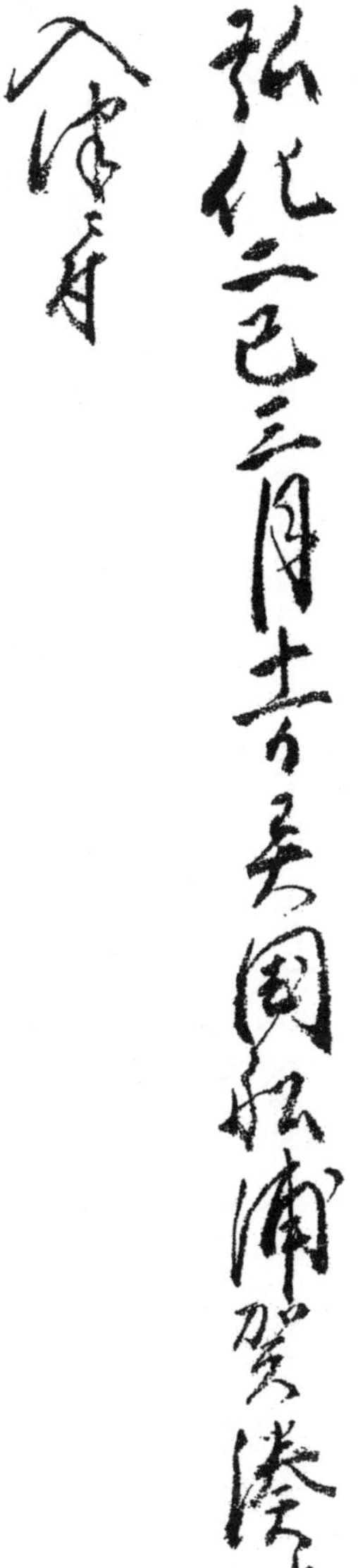

「異国船」が「浦賀湊江」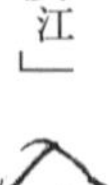「入津」したのは、「弘化二巳」年の「三月十一日」だとわかりました。表紙には「五月」とありましたから、入津から二か月後に、この文書が書かれたと思われます。

「入津」は、表紙に書かれたより、くずれています。傍のは、縦棒を引いてから横棒二本を書いているのですね。そして「入津ニ付（にゅうしんにつき）」と、文章は続いていきます。

とは、言ってみればこの文書の主人公たちです。は「こざとへん」に「可」で「阿」。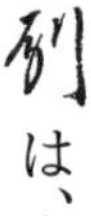は、表紙の「相州」の「州」ですからで「阿州（あしゅう）」。阿州は「阿波国（あわのくに）」、現在の徳島県ですね。そこから出港した「阿州船」です。

もう一方は、どこでしょうか。は「南部（なんぶ）」と書かれています。南部は、現在の青森県の東半分から岩

手県の中部にわたる地域を指します。ここでの「南部船」は、釜石の湊を出ています。

その二艘が。これがこの文書のテーマです。この二文字の偏は両方とも「さんずい」です。上の字の旁は「票」ですので「漂流（ひょうりゅう）」と書かれてあります。阿波船も南部船も漂流してしまったことがわかります。

しかし、「一同助命（いちどうじょめい）」とありますから、うれしいことにみんなの命が助かったのですね。ほっとします。

は「之次第（のしだい）」と書かれてあります。

〝阿波船と南部船が漂流したけれども、一同が助かった経緯〟をこの文書に記してある、ということになります。これを、この文書に書かれていることの第一とすると、第二は次のことになります。

は「帰帆之節（きはんのせつ）」。「帰帆」は帆船が帰路に就くことですが、

どの船がどこに帰るのでしょうか。これだけではわかりませんので、疑問に思いつつ先を読みましょう。は「与江」と書かれていますから「あたえ」です。は「遣し候品（つかわしそうろうしな）」、つまり「与え遣わした品」。「員数（いんずう）」は、その数量のことですね。「遣」「候」「品」などのくずし字は、古文書の中によく出てきますので、じっくり見ておいてください。

〝船が帰る時に渡した品目とその数〟が、この文書に書かれている第二の内容ということになります。ここでの船は、異国船のことです。つまり、日本人を救助してくれたことに対するお礼として、異国船が帰帆する時に、いろいろな品物を日本側が与えたのです。そんな事実があったのですね。幕府が「与江」たのでしょうか。それとも、漂流民たちの藩などでしょうか。どのような品をどのぐらい渡したのでしょうか。興味がわきます。

さて、第三の内容です。

いきなり「嶋」が出てきて驚きますね。この字は「やまへん」に「鳥」のくずしがきれいに書かれています。「荒増」は、表紙のと、ほぼ同じくずし方をしています。「嶋之荒増（しまのあらまし）」は島の概要、ということですが、これは彼らが流れ着いた島のことを言っています。

〝漂流船がたどりついた島の様子や、島で起きたことの概要〟。これが、三点目の内容です。

は「左」のくずしです。カタカナの「ニ」が続いていますので、「左ニ（さに）」と読んでおきましょう。の偏のは「ごんべん」では「記」です。は「遣し候品」の所で出てきた「候」。は初めてですね。これは「事」のくずしです。

ということは、ここで一区切り。で「左ニ記候事（さに、しるしそうろうこと）」。つまり〝これらの項目について、これから左（以下）に記載します〟というわけです。内容は三点でした。

1、阿波船と南部船の漂流と、その救助された時の状況
2、異国船が浦賀から帰る時に、日本側が与えた品物とその数
3、漂流船がたどり着いた島での様子

私たちは、これらのことを「左ニ記候事」から読み取っていくことになります。
そして、文書では、次の一行にこのように書かれています。

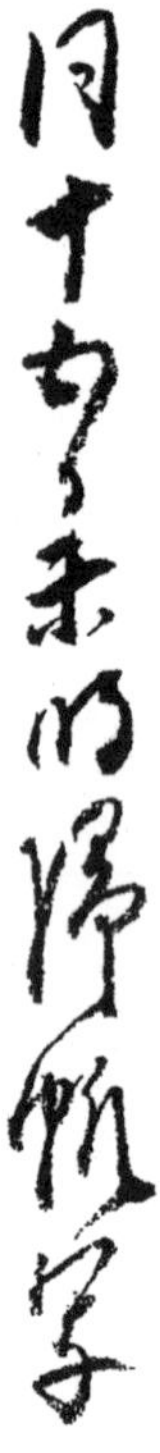

は「同十五日」ですので、弘化二（一八四五）年の三月十五日のことです。
その日の「未明（みめい）」ですから、夜明け前ですね。「明」は「日」と「月」のくずしが書かれています。
その夜明け前に、どうしたのでしょうか。「帰帆」とありますから、異国船が浦賀湊を離れたことがわかります。「入津」はいつだったでしょうか。三月十一日でしたね。
何と十一日から十五日までの間、異国船が浦賀湊に停泊していたことがわかります。
さてですが、これは何でしょうか。そうですね。「写（うつし）」と書かれてあります。

何かもとになる文書があって、それを写したものだと言っているのです。

これは、どう理解したらよいでしょうか。

とても大きな事件でしたので、この件に関しては公的にも私的にもいろいろな種類の文書が書き残されています。救助された漂流者たちからじかに聞き書きしたものもありますし、またそれを伝え聞いて書かれたもののもあるでしょう。それらが、また次々に写されていったものと思われます。

この文書が、そのどの段階に属するものかを特定することはできませんが、事件の二か月後に、何らかのもとになる文書を〝書き写したもの〟であることを「写」という文字は示しています。

コピー機がなかった江戸時代の人たちは、実に筆まめにいろいろなものを書き写しています。村次（むらつぎ）などで隣の村に行ってしまう触れを「御用留（ごようどめ）」に書き写したり、提出してしまって手元に残らない願い書きや訴訟の文書を控えたり。また、冠婚葬祭でのやりとりのリストを書き記しておいたり。これらの実用的な場合だけでなく、面白い書物があったり、興味を引く文書があったり、学びたいことがあったりすると、借りて写すということをよくしています。

私たちが解読している文書は、下総国（しもうさのくに）のある村（現在の千葉県）に残されていたものです。なぜ、その村のその家の文書群の中に、この文書が残されていたのか。もとの文書は何で、どのような経緯があってそれを書き写したのかを、是非とも知りたいところですが、それはこの件に関して残されている文書全体から判断しても限界がありました。

しかし、いずれにしても、「はじめに」に挙げたような、何とも素朴で味わい深い数点の絵入りの文書が、村の文書の中によく残っていてくれたものだと感謝したい気持ちです。この文書を〝道案内〟に、ほかの史料も合わせながら、まずは阿波船の動きを見ていくことにしましょう。

## 第二節　阿州撫養を出帆

**弁才船の船絵馬**

天保２（1831）年に奉納された大絵馬の一部分で、船絵師杉本勢舟の傑作。空船で帆走する弁才船がみごとに描かれている。右端に描かれているのは、木津川口拾番を示す水尾木（みおぎ、澪標みおつくし）。石川県金沢市の粟崎八幡神社所蔵。

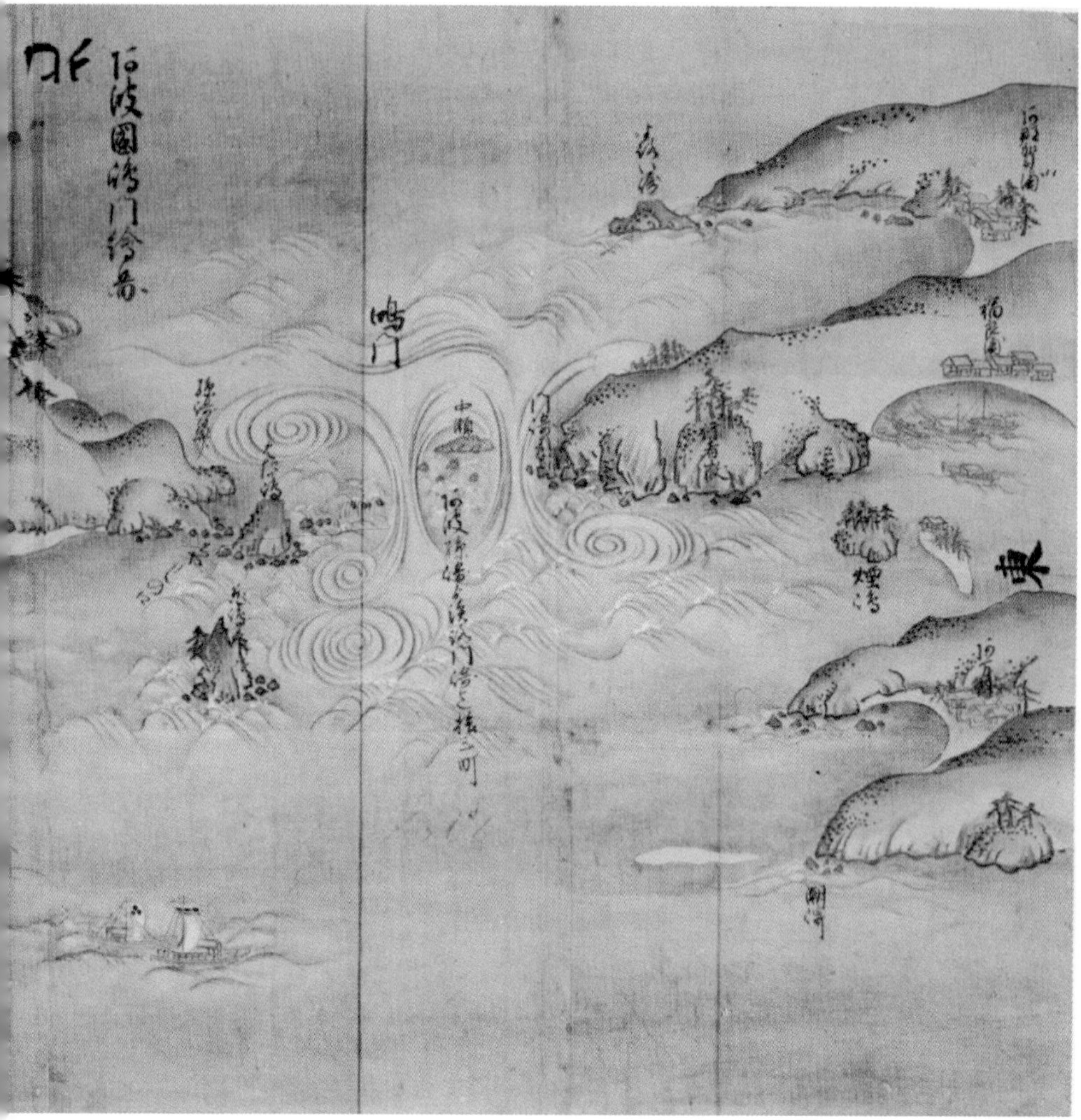
鳴門
東

「阿波国鳴門絵図」（岩村公恵氏所蔵、『鳴門市史』上巻より）

**弁才船の船絵馬**

嘉永４（1851）年に、近江商人西川伝右衛門が、持船の海上安全を祈願して寺院に奉納した船絵馬の一部。船絵師大和屋雪山の傑作。巨大な帆に順風（強い追風）をはらんで快走している弁才船があざやかに描かれている。滋賀県近江八幡市の円満寺所蔵。

阿波船についての記載を、読み取っていきましょう。こんなにくるくるっと丸まった「州」も書かれます。で「阿州」。先ほどあったと比べてみてください。「てへん」に「無」で「撫」。は「養」ですので、で「撫養（むや）」と書かれています。

現在の徳島県鳴門市撫養町（とくしまけん、なるとし、むやちょう）にあたり（一四〇・一四一頁地図参照）、江戸時代には阿波の海運の重要な玄関口でした。それと同時に撫養街道の起点でもありました。撫養街道は、吉野川流域を東西に結ぶ四国東部の重要な街道です。

その撫養のが人名です。は「天野屋（あまのや）」。その下のは「兵」。一番下のが「門」でで「右衛門」。「天野屋兵右衛門（あまのや、ひょうえもん）」と書かれてあります。

そして「天野屋兵右衛門船」と続いていますので、彼が船主だったことがわかります。

これが船の名前です。は「幸」は「宝」の旧字の「寶」。は「丸」で、たいていの場合に点がこのように右側に打たれます。「幸宝丸（こうほうまる）」というのが、この阿波船の船名だったのですね。

幸宝丸についての情報は、さらに続きます。

もうひとり人名が出てきました。「徳之丞」です。全体が一文字で「丞」です。は、特徴のあるくずしで「乗」のくずしです。時々出てきますから、よく見ておいてください。

で「徳之丞乗（とくのじょうのり）」。この徳之丞が、幸宝丸の船頭ということになります。

船の持主は天野屋兵右衛門で、船頭は徳之丞というわけです。

のは「石」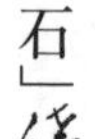は「積」。「高千百石積（たか、せんひゃっこくづみ）」の船だったことがわかります。米千百石程度を積載できる和船ということです。

ここで、二一頁と二四頁の船絵馬（ふなえま）を見てください。描かれているのは、幸宝丸ではありませんが、やはり江戸後期の和船です。十八世紀中期以降に全国に普及した弁才（べざい）船で、幸宝丸もおそらくこの絵のような船だったと思われます。

船絵馬とは、航海の安全を祈願して、船主や船頭たちが寺社に奉納した絵馬です。庶民の信仰の所産とも言える船絵馬の中には、迫力あるすばらしい船舶画が多く、船の形体や航海術など、私たちにたくさんの情報を伝えてくれます。奉納者が船に詳しい人たちですから、あまりに不正確な絵ではすまされず、十八世紀末からは、船絵馬を専門とする船絵師が登場して活躍しました。天保期（一八三〇年～一八四四年）から明治三十（一八九七）年頃までを中心に、多くの優れた作品が現存しています。

二一頁は、帆走する弁才船国徳丸を横向きに描いたものです。国徳丸は二十七反帆ですから、千百石積の幸宝丸より少し大型の、千二百石積ぐらいと思われます。この絵は、ほかにも二艘の弁才船が描かれた大絵馬の一部です。

それに対して、二四頁に描かれている十九反帆の住徳丸は、約六百石積でしょう。幸宝丸は、両者の間の二十五反帆ぐらいの弁才船だったと思われます。幸宝丸の姿を思い描いてみてください。住徳丸の船絵馬は、弁才船を船尾から描いた数少ない構図です。

は「水主（かこ）」と書かれていて、船乗りのことです。のは「頭」。旁の「おおがい・頁」に注目してください。で「船頭」。「とも」は〝両方ともで・合わせて〟という意味の「とも」です。水主は、船頭や舵取りなど上に立つ者以外の船員を指すことが多いです。ここでは船頭以外の全員を、水主と言っています。は「徳之丞乗」で見た「乗」ですので、「十一人乗」です。

「水主船頭とも十一人乗」ですから、船頭の徳之丞を入れて乗組員は全部で十一人、ということがわかりました。幸宝丸について、わかったことをまとめてみます。

・阿波国撫養の天野屋兵右衛門の持ち船
・船頭は徳之丞
・千百石積の船
・乗組員は船頭を含めて十一人

この船が、どうなったのか。続きを読んでいきます。

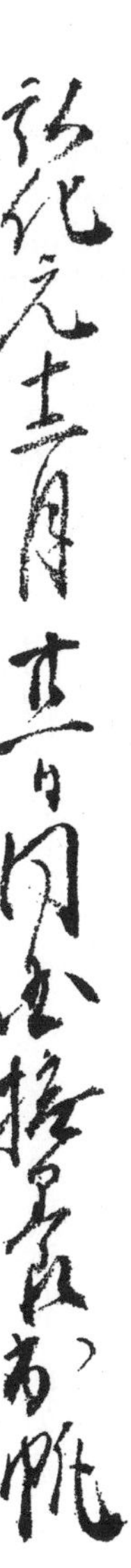

は「廿(にじゅう)」ですのでは「弘化元十二月廿一日」。弘化元年の大部分は、西暦(グレゴリオ暦)に対応させると一八四四年に重なりますが、この日は年を越した一八四五年一月二十八日にあたります。

は「同」。は、両側の点点が「くにがまえ」のくずしで「国」です。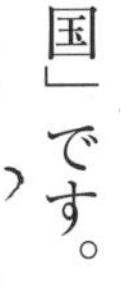「同国」とは、阿波国(阿州)のことですね。は「撫養」でした。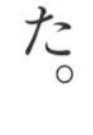は「出」のくずしで「出帆(しゅっぱん)」。幸宝丸は、母港の阿波国撫養湊を、弘化元年の暮れも押し詰まった十二月二十一日に出港したことがわかりました。

撫養を出る幸宝丸が目に浮かぶようなすばらしい絵図が、『鳴門市史』にありました。二二・二三頁の『阿波国鳴門絵図』がそれです。絵図の左下の波の間に「撫養口」と書かれているのが見えるでしょうか。まさに、その撫養口から数艘の船が海に乗り出しているのが描かれています。幸宝丸もこのようにして、大海原に出て行ったのでしょう。絵図には鳴門の渦潮も描かれています。

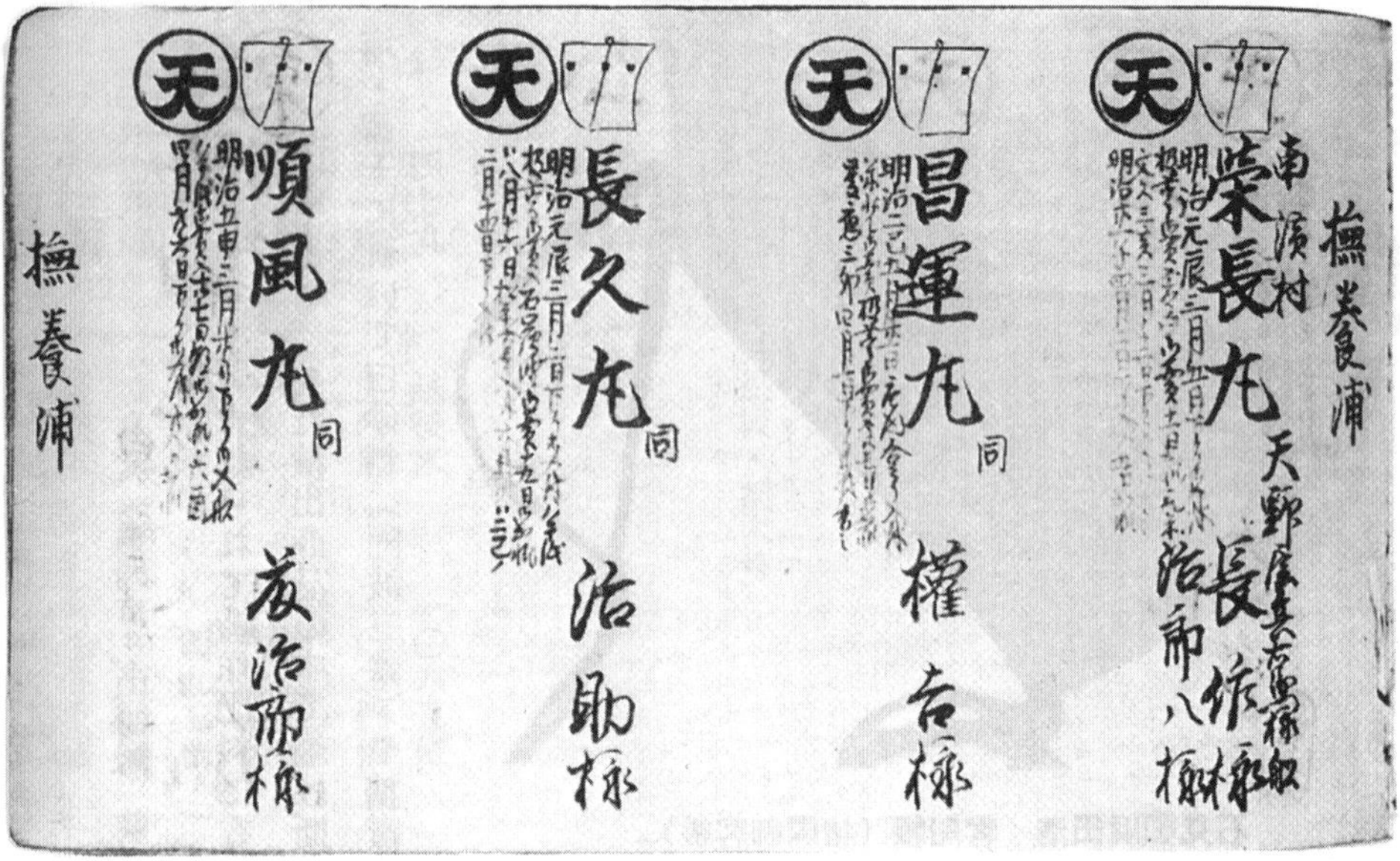


『諸国御客船帳』（部分、揖ヶ瀬家所蔵、『鳴門市史』上巻より）

撫養湊は当時阿波第一の湊でした。塩はもちろん、干鰯などの藍作の肥料、製塩燃料の薪などの出入口であり、京坂地方との往来も盛んでした。四国遍路の人々の上陸地でもあり、絵図の右手に描かれている淡路島との行き来も頻繁でした。

さて、幸宝丸の船主である天野屋兵右衛門についてですが、天野屋は、この撫養の豪商で廻船問屋でした。上は、幸宝丸の漂流から二十数年後の記載ですが、「撫養浦、天野屋兵右衛門様船」と書かれてあり、「栄長丸、昌運丸、長久丸、順風丸」の船名が読み取れます。

この文書は、石見国（いわみのくに、現在の島根県）の浜田湊の廻船問屋であった、揖ヶ瀬（かじがせ）家の客船帳（『諸国御客船帳』）です。この記載から、天野屋兵右衛門の船が、日本海の浜田湊まで行っていたことがわかります（『鳴門市史』上巻）。

江戸時代には、大量の物資が船で運ばれました。年貢米をはじめとして、酒や醤油など、衣食住に関する数々の品々が、湊から湊へと運ばれています。その重要航路のひとつに、西廻り航路がありました。東北・北陸の諸湊から、日本海・関門海峡・瀬戸内海を通って大坂に至る海運です。浜田は、その西廻り航路の重要な寄港地として発展していました。そのように運ばれてきた物資は、さらに、紀伊半島を回って遠州灘を通り、江戸に至りました。

廻船問屋天野屋の持ち船であるわれらが幸宝丸は、撫養を出てどこに向かおうとしたのでしょうか。浜田の方面でしょうか、それとも江戸を目指していたのでしょうか。

出帆したのは弘化元年の十二月二十一日で、異国船に助けられて浦賀湊に入津したのは、弘化二年の三月十一日とありました（一三頁）。阿波を出帆してから三か月近くの間、幸宝丸はどんな運命をたどったのでしょうか。

文書を読み進めながら、「撫養出帆」後の幸宝丸の様子を順に追っていきましょう。

## 第三節　乗組員と積荷物

のの部分は「西」に似たくずしでは「こころ」が書かれておりは「悪」です。は「風」。で「悪風（あくふう）」。海上で大風が吹き荒れ、暴風になってしまいました。

は「さんずい」に「良」のくずしで「浪」です。で「立浪（たつなみ）」。「悪風立浪」で、暴風で波が高い、ということですね。は、カタカナの「ニ」と「而」が書かれていて「ニ而（にて）」と読みます。古文書でよく出てくる表現です。

次のは「くさかんむり」に「何」が書かれている「荷」です。の方は、虫食いで読みにくいですが、墨が残っている部分と文意から判断して「打」が書かれてい

ると思われます。「荷打」と書いて「にうち」あるいは「うちに」と読み、船が沈んだりひっくり返ったりしないように、積んでいる荷物を海に投げ捨てることを意味します。

江戸時代の船について読む時、それが、漁船なのか廻船なのかに注目する必要があります。幸宝丸は天野屋の廻船で、おまけに撫養の湊を出帆したばかりですから、多くの商品を積んでいたはずです。船本体が暴風の中で沈むのを避けるために、やむを得ずそれらの積荷を海に投げ込んだのですね。

これは、多くの和船が、嵐に遭った時に、船体の安全を保つために行っていたことで、文書の中に「荷打」、「打荷」、あるいは「刎荷（はねに）」と出てきます。このように捨荷することによって、風当たりが弱まり、復原性が増しました。また、水かぶりを減らすこともでき、船のたわみが小さくなり強度も増しました。

しかし、「荷打だけでは助からない」と船頭は判断したようです。

は「其後も」と書かれています。積荷を捨てたあとも、ということですね。

「大風雨」ですから、大風だけでなく、烈しい雨も加わって状況はますます厳しくなってきたのでしょう。

はきれいに書かれていますが、難しい字ですね。「檣（ほばしら）」です。文書には「帆柱」と書かれている時もあります。

檣を「伐捨」ですから、「きりすて」と読みましょう。

檣を伐り捨てて「漂流」した、と書かれてあります。

これも漂流船がよく採った方法です。船が大風雨で煽られないように、檣を伐ってしまったのです。本来、弁才船の檣は、取り外しが可能な構造になっていましたが、暴風雨の中で取り外すことは事実上不可能でした。それで仕方なく伐ってしまうのですが、揺れ動いている船の上で、二十数メートルもある高い檣を伐るのは、とても大変な作業でした。その時に船の本体を疵つけてしまったり、積んでいる伝馬船を傷めてしまったりしている例が多く見られます。

三五頁は弁才船の帆と檣（帆柱）の図、三六頁は檣を伐り捨てて漂流している弁才船の絵です。檣を伐り倒してしまった船は、流れに任せて流されていくしかありません。幸宝丸は、どうなってしまうのでしょうか。

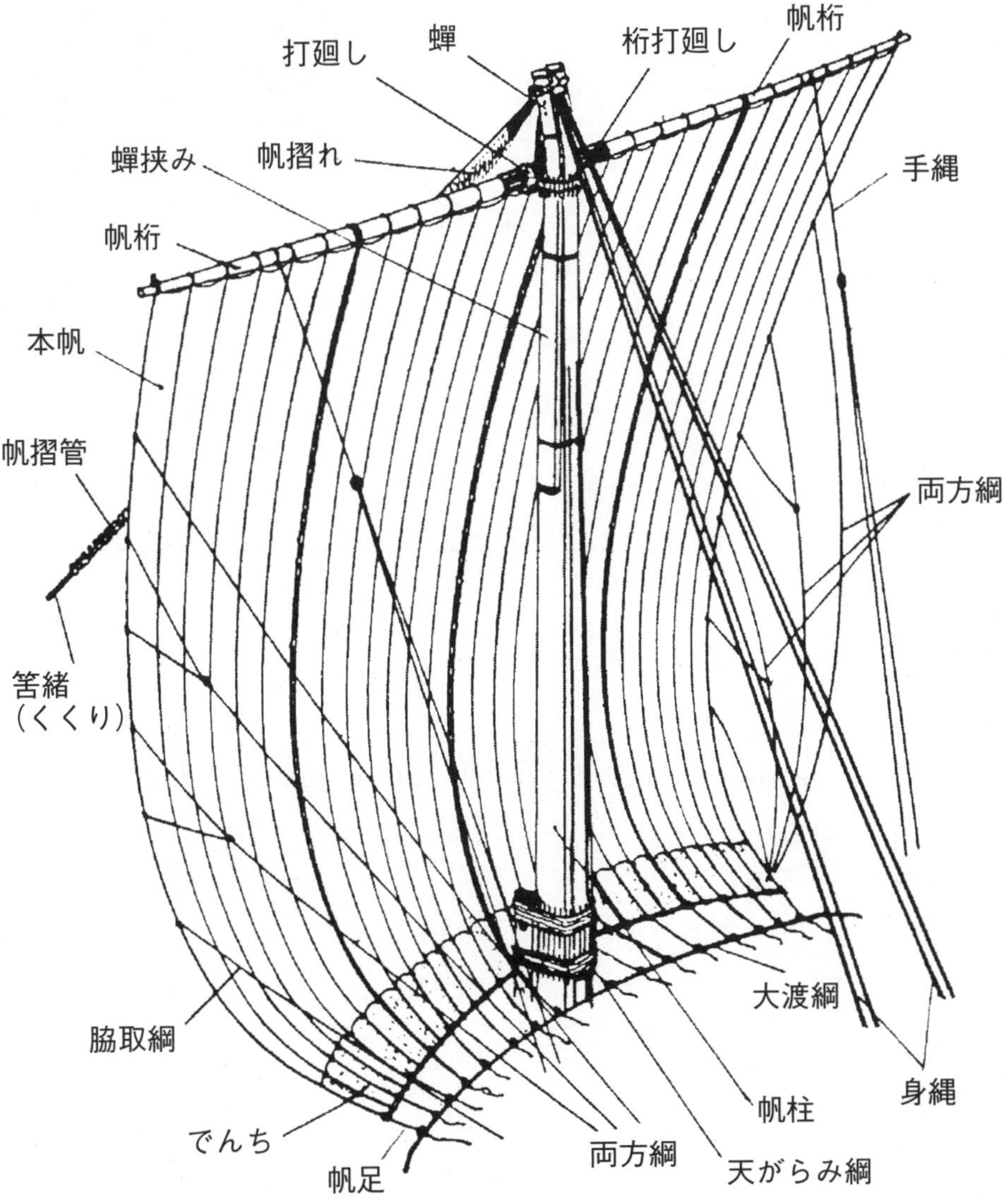


**弁才船の帆と檣**（『弁才船、菱垣廻船／樽廻船』船の科学館資料ガイド10より）

櫓を伐り、激浪にもまれながら漂流中の永福丸（須藤利一編『船』より）

「日」に「月」のくずしで「明」ですので「明ル正月十三日」。年を越して、弘化二（一八四五）年の一月十三日になったのですね。「三」の字の左下から「日」そして次の字にかけて虫食いが入っていますが、このぐらいなら判断できそうです。は「上陸」。そしては「助命」です。「命」という字のくずしは、このように「亼」の中に「印」に似たくずしが入ることが多いです。

幸宝丸は、この日どこかに上陸することができて、幸いにもみんなの命が助かったようです。ほっとします。

阿州撫養を出帆したのは、前年の十二月二十一日でした。この月（弘化元年十二月）は大の月（太陰太陽暦では三十日まで）ですので、湊を出てから二十三日目に、命からがら助かったことになります。どこに上陸し、それからどうなったのかも知りたいところですが、ひとまず置くことにします。

二十三日間の漂流の様子を、まず見てみましょう。そもそも、幸宝丸は何を積んでいたのでしょうか。そして、船頭徳之丞以外には、どのような水主たちが乗っていたのでしょうか。

これらについては、私たちが読んできた文書『相州浦賀江入津、異国船荒増』には記載がありませんので、ほかの文書で補うことにします。

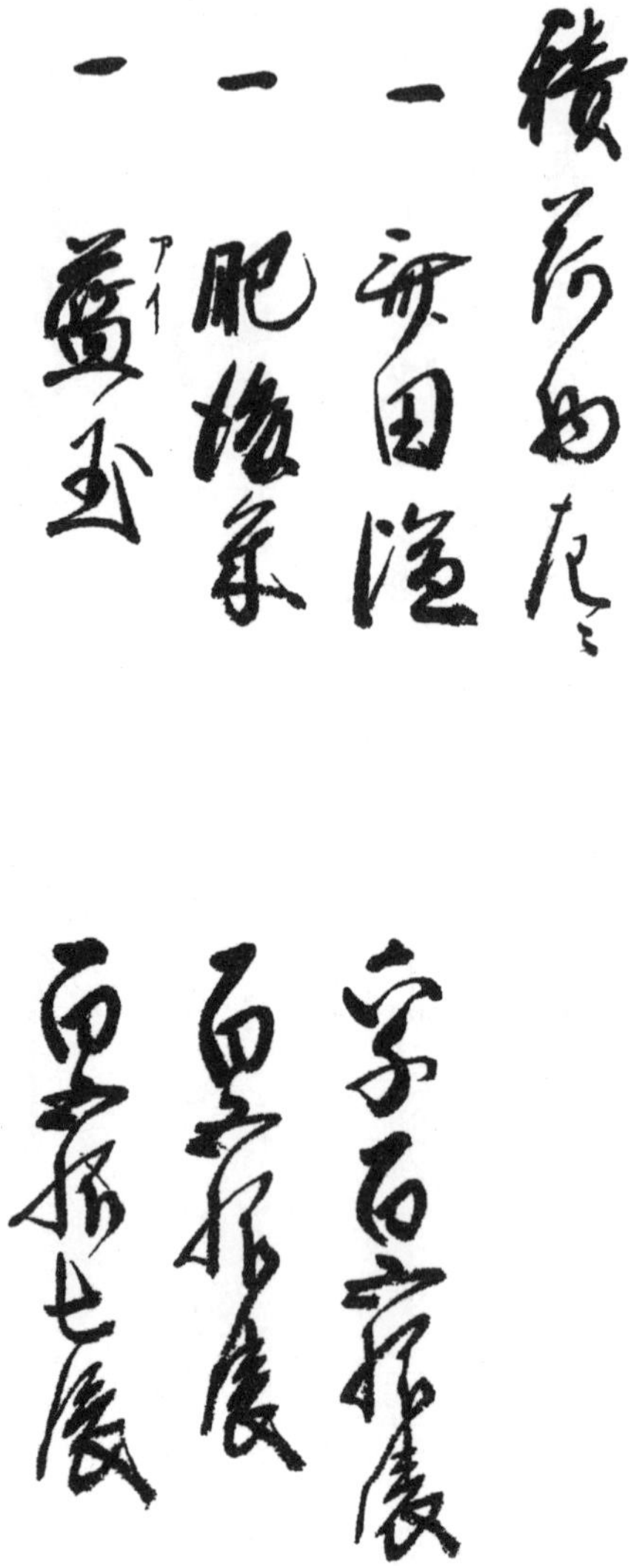

右は、国立国会図書館所蔵の『幸宝丸漂流一件聞書』の記載です。

幸宝丸の「積荷物左ニ（つみにもつ、さに）」とあり、それに続き「ひとつ」と始まっていく「ひとつ書き」が四つあります。四品目を積んでいたのですね。

まず一品目のは「斉田塩（さいだじお）」。

阿波産の塩で、撫養を中心に生産・集荷されていました。これを「六千百五拾俵」積んでいました。「千」は、前に出てきた「千百石積」の時の「千」よりくずれています。ここでは、「百」の前に書かれていますので、「千」だろうと推測できますが、簡単なようで意外と読みにくい場合がありますから、注目しておいてください。同様に「拾」も大切なくずしです。

播磨赤穂（あこう）をはじめ、備前野崎浜（のざきはま）、備後松永（まつなが）、安芸竹原（たけはら）、周防平生（ひらお）、伊予多喜浜（たきはま）、阿波撫養など、瀬戸内海沿岸には入浜式塩田（四二・四三頁の絵参照）が広がり、良質の塩の産地として有名でした。これらを総称して、十州塩（じっしゅうえん）とも言います。十州とは、播磨（はりま）・備前（びぜん）・

備中（びっちゅう）・備後（びんご）・安芸（あき）・周防（すおう）・長門（ながと）・伊予（いよ）・讃岐（さぬき）・阿波（あわ）の国々です。

製塩法の発展によって生産性が向上し、また海上運送が発達したことによって、これらの塩は大坂・江戸をはじめ全国各地に運ばれ流通しました。文化年間（一八〇四年〜一八一八年）には、全国の生産高の九十％程を十州塩が占めています。斉田塩も、その中の重要なブランドでした。

二品目は「肥後米（ひごまい）」。

菊池川流域で収穫された肥後（現在の熊本県）産の米で、品質が高く生産量も多い米です。全国から大坂堂島の米市場に運ばれた米の中でも有力な米で、米相場を左右したと言われています。この肥後米が「百五拾俵」積まれていました。

四四頁の「諸国産物大数望（しょこく、さんぶつ、おおすもう）」を見てください。全国の名産品を競わせた見立番付で、天保十一（一八四〇）年板行のものです。上方で出板されたと思われますが、全国の産物をほぼ網羅しているようです。この番付の東の大関は「陸奥、松前昆布」ですが、西の大関は「西国、白米」となっています。

この西国米には、九州地方など西国の米はもちろんのこと、西廻り航路で大坂堂島に運ばれてきた北陸や出羽地方などの北国米も含まれていると考えられます。特に、肥後米や加賀米などが米市に与える影響が大きかったと言われています。

三品目は《アイ》「藍玉（あいだま）」。

文書自体に、「アイ」とカナがふってあります。藍は、植物の藍の葉からとる染料です。藍玉は、藍の葉（葉藍）を発酵させた菜（すくも）を臼で突き固めて乾燥させたものです。運搬しやすいように小さな塊にしてあります。葉藍を安定して発酵させるのは難しいことだったのですが、文化年間にその技術を高めてからは、それまで以上に阿波の藍玉のブランド力が増しました。四五頁は、阿波の藍玉を使った、現在の紺屋さんの写真です。

文書には、その藍玉を「百五拾七俵」積んでいる、とあります。

「諸国産物大数望」を、もう一度見てください。藍玉が書かれてあります。しかも、大関である「西国、白米」に次ぐ地位の関脇として「阿波、藍玉」とあります。

幸宝丸は、「西之方」の一位と二位を積んでいたわけです。

四品目は「貝」。

貝が「百。六俵」とあります。「百〝飛んで〟六俵」というわけですね。

おそらく、貝などの海産物を干したものなどが、百六俵積まれていたのでしょう。

塩竈
しほかま
ろ

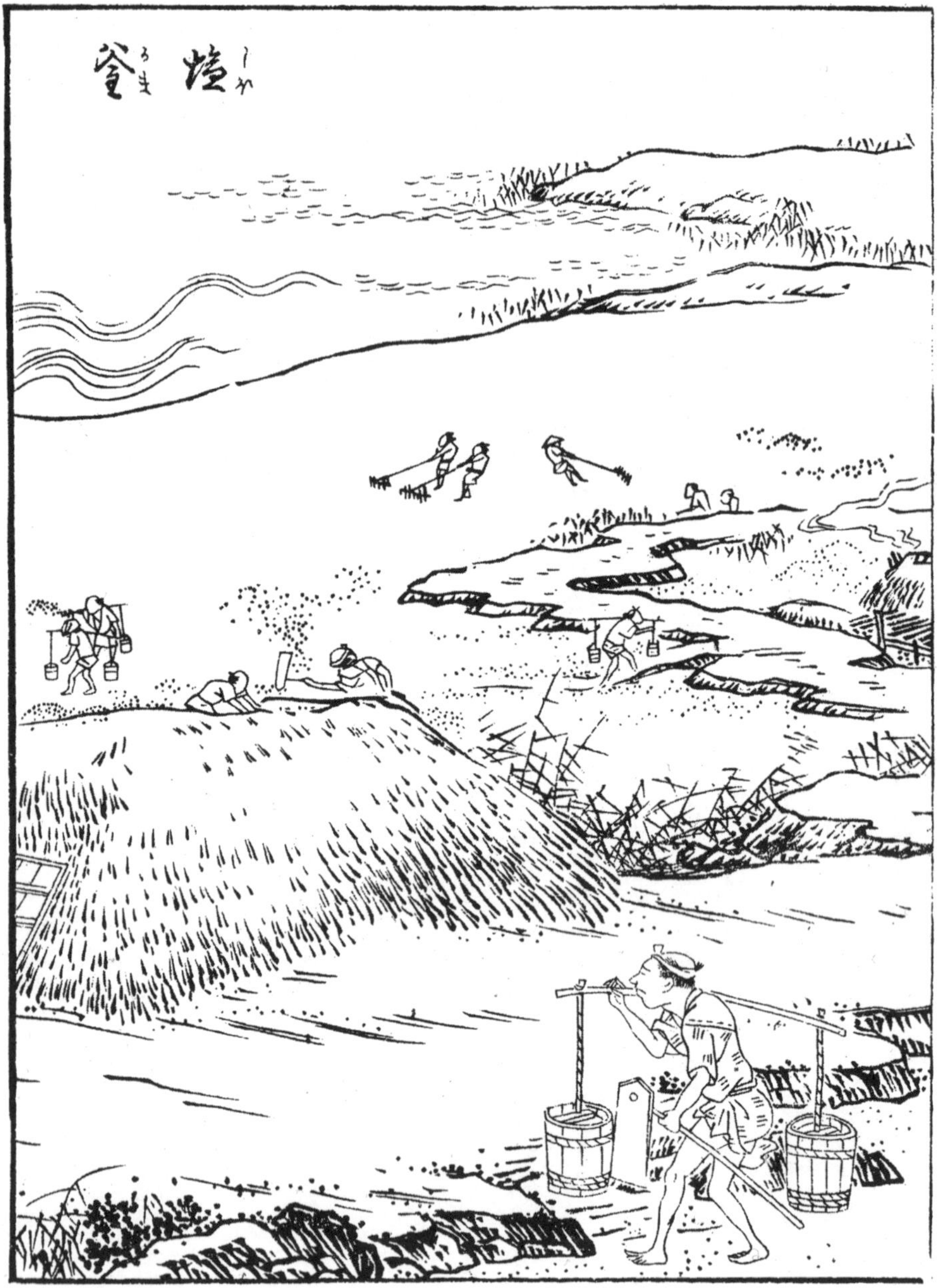

入浜式塩田の様子（『播州名所巡覧図絵　五』より）

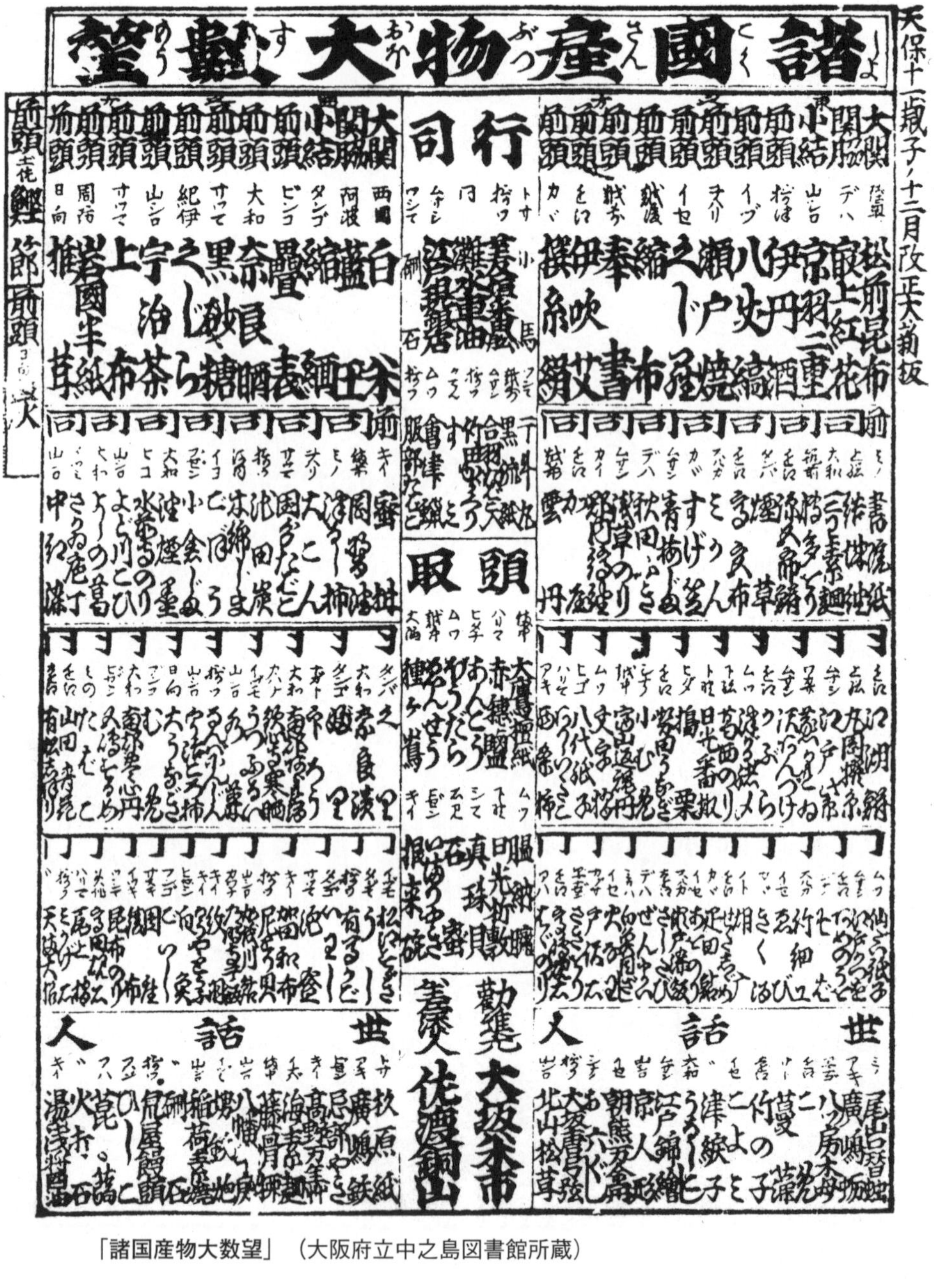


「諸国産物大数望」（大阪府立中之島図書館所蔵）

徳島県産の天然藍玉
が詰まった俵

俵からのぞいている藍玉

かせ染めした糸を干す

Ⓡ武州正藍染め（写真提供：武州中島紺屋）

1
4
2

弁才船の乗組員と積荷（イラスト：亀田伊都子）

「阿波国藍玉製之図　二」(『大日本物産図会』より)

漂流船に食料があるか否かで、漂流民たちが生き延びられるかどうかが、大きく左右されました。漁船は、わずかな食料しか積んでいないのがふつうですから、遠くに流されてしまった場合の生還はとても困難でした。廻船の場合でも、空荷の時には難しかったようです。

幸宝丸は四六・四七頁の絵のように、船内に四品の積荷の俵を入れていたと思われます。特に、肥後米を百五拾俵積んでいたのは、本当に幸運でした。暴風で大揺れする船から「荷打」（三二頁）する時、命綱の米は最後まで残しておいたことでしょう。

さて、次に乗組員たちの情報を探してみましょう。『幸宝丸漂流一件聞書』には、次のように書かれています。

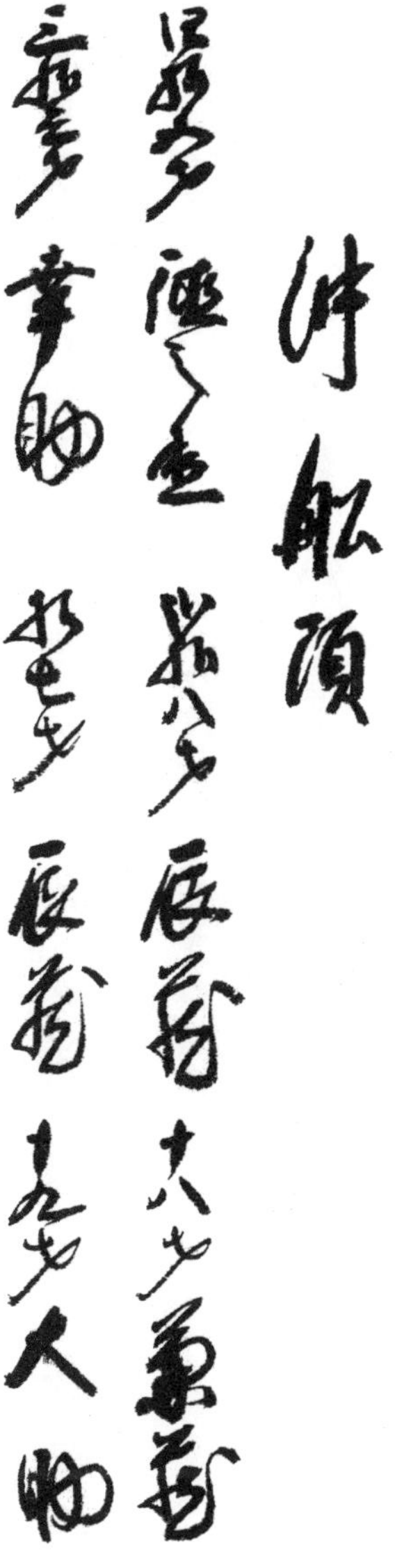

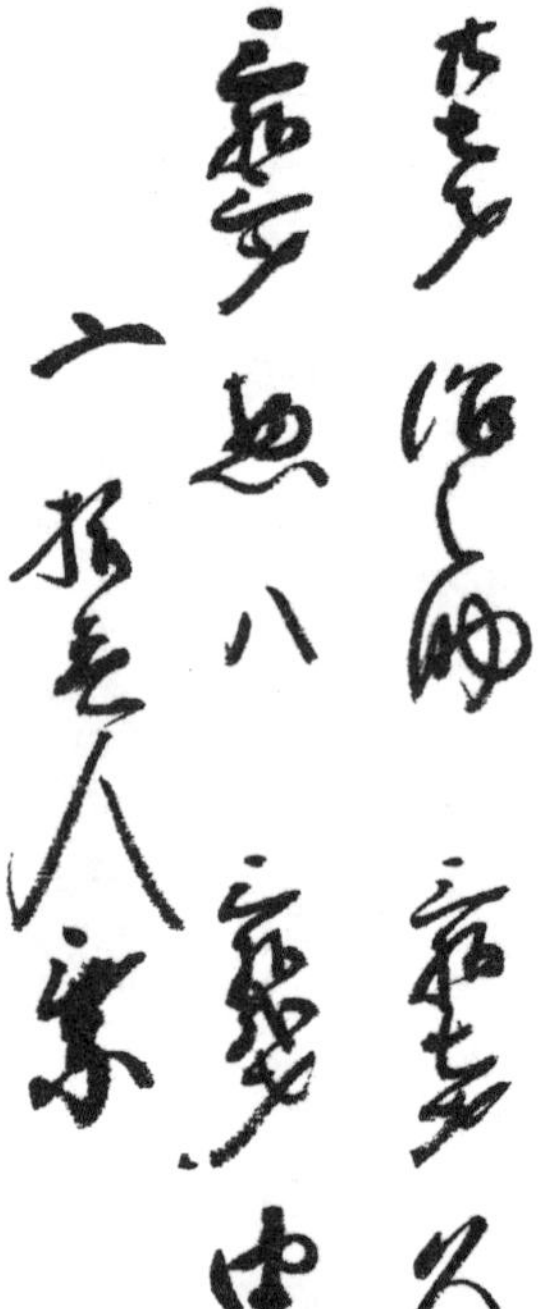

沖船頭

四拾五才　徳之丞　　弐拾八才　辰蔵　　十八才　兼蔵

三拾壱才　幸助　　拾七才　辰蔵　　十九才　大助

廿七才　治之助　　三拾七才　久蔵　　同才　喜和蔵

三拾三才　惣八　　三拾弐才　由蔵

〆　拾壱人乗

船頭の徳之丞は最年長の四十五歳。最年少の十七歳辰蔵まで、総勢十一人だったことがわかります。

しかし、ほかの複数の史料を調べると、年齢が異なっていたり、名前までもが違っていたりします。そのひとつひとつについて、どれが正確な情報かを見極めるのはなかなか困難です。

その文書をだれが・いつ・どのように書いたのかが重要になります。たとえば、事件後すぐ書かれたものか、数年して世間の噂話をまとめるような形で書かれたものなのか。当事者の話を幕府側が直接本人たちから聞いたものなのか、当時の儒学者や蘭学者などが可能な限り情報を集めて書いたものなのか、またそれらがどのように写されて現在に残ってきたのかなどによって、文書の性格も異なりそれぞれに限界があります。また、この内容についてはこの文書は信用するに足るが、これについては疑わしい、といった内容項目による記述の信頼度も考慮する必要があります。

しかし本書でその根拠をいちいち詳述すると煩雑になって混乱を招き、かえって全体の理解を妨げることになりそうです。そもそも史料批判することが本書の目的ではありませんので、『相州浦賀江入津、異国船荒増』と『幸宝丸漂流一件聞書』をもとに、それらと異なる記載がほかの文書にあった場合には、吟味して必要に応じて示すことにします。

1、下総国のある村に残る、『相州浦賀江入津、異国船荒増』を解読していく。
2、1に記載されていない部分については、『幸宝丸漂流一件聞書』で補う。
3、1・2とは異なる情報、また付け加えることができる興味深い内容がほかの文書や書物にあった時には、適宜ご紹介する。

右の原則で、文書を読み進めていきます。3の〝付け加えることができる興味深い内容〟の中には、本書の重要なテーマである〝絵〟が大きな要素として含まれてきます。
また、『相州浦賀江入津、異国船荒増』を補う文書を『幸宝丸漂流一件聞書』にしたのは、くずし字を読み解くという本書の目的にとって、適切な文書だと判断したからです。また、同文書の後ろには、次のように書かれています。

右之通り被レ助候水主ゟ承り、書取り候故、文言前後仕候、宜敷御一覧可レ被レ下候、
（みぎのとおり、たすけられそうろうかこより、うけたまわり、かきとりそうろうゆえ、もんごん、ぜんごつかまつりそうろう、よろしく、ごいちらんくださるべくそうろう、）
巳三月十五日（み、さんがつ、じゅうごにち）
相州西浦賀ニ而書写（そうしゅう、にしうらがにて、かきうつす、）

これによると、この文書は、相模国西浦賀で書き写されたものです。

そのもとになった文書は、助けられた水主から直接聞き取って書いたものだ、とあります。「水主の話の内容を、そのまま書き取ったために、できごとの流れが前後しているところもあります。それを含んだ上でご一覧ください。」とありますから、だれかに見せるために書かれたものだとわかります。

そして、それを「書写」したとありますから、提出された文書を他者が書き写したものがこの文書なのでしょう。あるいは、提出した文書の控えが取ってあって、それを写させてもらったのかもしれません。いずれにしても、臨場感のある書き方です。

『幸宝丸漂流一件聞書』は、このような経緯で書かれたことがわかりました。

話が前後しているだけでなく、水主の言い間違い・勘違い・覚え違いがあったかもしれません。あるいは、聞き手の方の聞き間違い・書き間違いなどもあったかもしれません。また、異国船や幕府との関係で、水主あるいは書き手が、わざわざ隠していることがあるかもしれません。それらの可能性を考慮しても、事件の直後に関係者から直接聞いた内容として、重要な文書だと考えられます。

ということで、くずし字のテキストとしても適切、内容的にも興味深いこの『幸宝丸漂流一件聞書』を『相州浦賀江入津、異国船荒増』を補うものにしました。

さて、十一人の乗組員に話を戻しましょう。3の原則（五二頁）に従って、『幸宝丸漂流一件聞書』以外の史料から、情報を付け加えていきます。

船頭徳之丞を、『弘化乙巳漂民日記（弘化二年）』（東京大学史料編纂所所蔵）では「年五十位」とし、「背高く、色黒く、眼光するどく、眉太く、強壮ニ見る」とあります。目の前に、逞しく頼もしい船頭の姿が浮かんでくるようです。

四六・四七頁の「弁才船の乗組員と積荷」を、もう一度見てください。①に描かれているように、船尾が船頭の平常時の定位置です。漂流中には、船頭の力量と判断、時期を逸しない決断が、乗組員の命を守ることになります。荒海での二十三日間の漂流中はもちろん、島での生活、そして助けられた異国船上でも、また浦賀に着いてからも、徳之丞は乗組員たちから頼りにされる存在だったのでしょう。

『乙巳漂客記聞』（東京海洋大学附属図書館越中島分館所蔵）などには、徳之丞は「阿波州橘邑の人」とあり、彼が撫養の南にある橘浦（現在の徳島県阿南市橘町）の出身だとわかります。

なお、本来は船頭とは船主であり、楫取（かじとり）も兼ねているものでした。それが、江戸時代になると船に乗らない船主と、船に乗る船長役の船頭とに分離していきました。もちろん船主が船頭を兼ねる場合もあり、その場合には文書に「直乗（じきのり）船頭」などと出てきます。徳之丞が「沖船頭」と書かれているのは、船に乗らない船主を「居船頭（おりせんどう）」と言ったのに対して、船長役の船頭を「沖船頭」「乗船頭」などと言ったからです。

「久蔵」については、『弘化雑記』（国立公文書館内閣文庫所蔵）、『乙巳漂客記聞』、『弘化乙巳漂民日記（弘化二年）』、『続通信全覧』（外務省外交史料館所蔵）など多くで「文蔵」と書かれています。「久」と「文」のくずしは、よく似ていますので、どこかで写し違いが起きたと考えられます。史料の性質と残り方から言って「文蔵」の方に軍配をあげるべきかもしれません。

彼は「総管」「賄」などと肩書に書かれて、徳之丞の次に名前が書かれている文書も多く見られます。四六・四七頁の絵で見ると、②の位置にいる賄（まかない・事務長）の役だったのでしょう。賄は、積荷の受け渡しが主な役で、金銭面では船内諸経費や湊に出入りする際の出納などを扱いました。

廻船では、トップの船頭を、この賄・楫取（航海長、四七頁③）・親仁（おやじ・水夫長、四六頁④）の三役が補佐しました。幸宝丸の場合も同様だったと思われます。その指揮のもとで、平水主（ひらかこ）たちが船を操作しました。炊（かしき）と呼ばれる炊事係は、年少者がなることが多かったようです。

くずし字の解読上で、もうひとり注目しておきたい人がいます。「兼蔵」です。彼のことを「菊蔵」と書いた文書がいくつかあります。「兼」と「菊」のくずしも似ていますので、「久」と「文」同様なことが起こったのだと思われます。彼については、兼蔵が正しいと考察します。

いずれにせよ、〝阿州中野郡の橘浦・撫養・中嶋浦出身の十一人が乗り組んでいた〟ということについては、どの史料も異存はなさそうです。

その十一人が乗った幸宝丸は、阿波国撫養を出帆してから、「明ル正月十三日上陸助命（三七頁）」までの間、暴風雨の中で漂流していたと『相州浦賀江入津、異国船荒増』に書かれていました。

その二十三日間の漂流について、『幸宝丸漂流一件聞書』の方にはどのように書かれているでしょうか。文書を読み進めましょう。

## 第四節　流される幸宝丸

弘化元年の十二月二十一日に撫養を出帆した後の記述は、次のようです。

は二九頁で見たくずしとよく似ています。「同国」でした。阿波国のことですね。は「橘浦江（たちばなうらえ）」。橘浦は、前にお話したように、船頭徳之丞の出身地でした。「同夜入津（どうやにゅうしん）」とありますから、出帆した二十一日の夜に、幸宝丸は橘浦に入ったことがわかります。橘浦は撫養からおよそ三十五キロメートル南にある湊です（一四〇・一四一頁地図参照）。

十二月二十一日夜に橘浦に入津してからずっと停泊していて「同廿六日」の「朝六ツ時」に「出帆」したのですね。は「日」に「寸」が書かれていますので「时」ですが、この字は私たちが使う「時」と同じ使われ方をします。「朝六ツ時」は「明け六ツ時（あけむつどき）」のことで、夜明けの時間帯です。季節や地域によって違いますが、十二月の末（この日は、西暦〈グレゴリオ暦〉では一八四五年の二月二日）ですから、出帆は午前七時頃だったでしょう。

出帆を可能にしたのがです。は「西」のくずしで、よく出てくる形ですので、注目しておいてください。「西風」です。「二而」は三二頁で見たより、読みやすいです。「西風二而（にしかぜにて）」つまり、西から風が吹いてきたので「同所」を出帆したと書かれてあります。「所」も、古文書でよく出てくるくずしです。同所は、橘浦のことですね。

二十二・二十三・二十四・二十五日と、幸宝丸は橘浦に停泊していました。本当は積み荷を少しでも早く目的地に運びたかったはずです。しかし、帆船は、湊に入るにも出るにもよい風を待たなければなりません。二十六日朝になって、待っていた西風になったので、これを追い風に早朝から船出したのですね。

ほかの文書には、「風待ち」をしていた、と書かれているものもあります。
橘浦から東の方角、どこを目指したのでしょうか。

「紀伊国田辺江（きいのくに、たなべえ）」とあります。現在の和歌山県田辺市に向かったのですね。地図（一四〇・一四一頁）を見ると、田辺は橘浦の東南東の方にありますから、確かに西風が頼りだったのでしょう。

紀州に向かったということは、そうですね。幸宝丸は、その先の江戸を目指していました。阿波撫養から、江戸に商品を運ぼうとしていたのでした。

は前に見たことのある字です。二六頁の「徳之丞乗」や

「十一人乗」（二八頁）で見た「乗」のくずしです。

で「乗入（のりいれ）」となります。

どこに乗り入れるのでしょうか。紀伊国田辺の湊ですね。

は「相」のくずしです。「相州浦賀」のところで見た「相」は、ほとんどくずれていませんでした（一〇頁）。くずれると、この形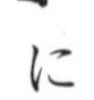になることが多いです。

で「相泊り（あいとまり）」と書かれています。

ここの所は、とても大切ですので、じっくり見ていくことにします。

まずは「可」。下の字を読んでから、ひっくり返って「べし、べく、べき、」などと読みます。ここでは、その下の「申」を読んでから「可レ申（もうすべき）」と読みましょう。は「心得（こころえ）」と書かれていては「ニ而」でした。

は、このように筆が止まっているだけで「候」と読みますのでで「候所」。

すると「可レ申心得ニ而候所（もうすべき、こころえにて、そうろうところ）」となります。

〝紀伊国の田辺湊に入津して、停泊するつもりでいたところ〟といった意味ですね。

何度も声に出して、「きいのくに、たなべえ、のりいれ、あいとまりもうすべき、ここ
ろえにて、そうろうところ」と、言ってみてください。五九頁のくずし字を目でしっかり追いながら読んでいると、くずし字が目に慣れ、意味もしっくり胸におさまり、さらに古文書のリズムが身についてくると思います。

さて、幸宝丸は、田辺湊に入津したのでしょうか。

「凪（なぎ）」にカナをふって「ヤミ」と読ませています。「風凪《ヤミ》（かぜやみ）」です。頼みにしていた西風が、ピタッと止まってしまったのですね。

「船入」の次は、ひらがなの「ふ」になってしまっているのを漢字の「不」にして「不レ申」。合わせて「船入不レ申（ふねいりもうさず）」。田辺の湊に入ることができなかったのですね。

江戸時代のほかの廻船の記録などを見ても、せっかく次の寄港地のすぐ近くまで来たのに、風雨のために入津できず、数時間かけてもとの湊に戻る、ということをしています。

幸宝丸の場合は、その後も田辺に入津することができず、そうかといって橘浦に戻ることもできず、悪天候で「北風」「南風」「大西風」と風向きがころころ変わる「あら吹（荒吹く）」海上を、はるか沖まで流されてしまいました。この日から翌年の正月八日まで、暴風雨に荒れる海の様子と、その中で船と自分たちの命を守るためにどのように幸宝丸を操船したかが、日を追って書かれています。

まず、田辺に入津できなかった弘化元年十二月二十六日のその後の様子はどうだったのか、記載をまとめると次のようになります。

・暮六ツ時頃（午後六時頃）から「北風」になった。

・夜五ツ時頃（午後八時頃）になるとさらに風雨が激しくなって波立ち、阿波の方角に向けて走ったが、風雨はいっそう強くなった。

・そうするうちに「淦《アカ》の道（あかのみち）」ができ、船の中に三尺四、五寸（一メートル余り）も「淦（あか）」が入ってきた。

・帆を下げて、一同で「淦水（あかみず）」を搔い出したが、一向に減らなかった。

・乗組員一同で、精根を込めて力の限りを尽くしたけれどもどうしても凌ぐことができず、「船玉（ふなだま）」も保ち難い状況だった。
・そこでやむを得ず、積荷に手を掛けて「刎捨《ハネ》（はねすて）」て、凌いだ。
北風によって南に流されてしまい、引き返そうとした阿波からも遠ざかってしまった様子がわかります。

「淦の道」というのは、海水の浸入する箇所のことで、「淦」「淦水」というのは、船底に溜まった水のことです。この淦水は、「すっぽん」という手動式のポンプで汲み出しましたが、暴風雨の中では、浸水の速度の方がはるかに速く、どうにも手の施しようがなかったのでしょう。

「船玉」は「船魂」「船霊」とも書き、航海の安全を祈る信仰と結びついています。船玉さまの御神体として、帆柱の受材の筒に納穴をあけ、男女一対の人形・賽二個・五穀・銭十二文などを封じ込めました。廻船などでは、船本体のことも船玉と言ったようです。

積んでいた商品を、やむなく海に捨てたのは、この十二月二十六日からだったのですね。『相州浦賀江入津、異国船荒増』の方には、「荷打」したとありましたが（三二頁）、ここには「刎捨」たと書かれています。「無レ拠（よんどころなく）」「不レ得二止ヲ一（やむをえず）」との表現に、無念な心情がうかがえます。

しかし、それにもかかわらず淦水は一向に減らず、翌二十七日からも  「船足軽（ふなあしかるく）」するために、さらに荷物を刎ね捨てています。

淦水が溜まるだけでなく、暴風雨の中で船のあちらこちらが壊れ、傷んできました。

十二月二十九日には  「柱《ハシラ》打きり（はしら、うちきり）」とあり、これが『相州浦賀江入津、異国船荒増』の  「檣伐捨（ほばしら、きりすて）」（二三頁）と対応します。柱を伐った際  「橋船相痛ミ（はしぶね、あいいたみ）」とあり、伝馬船を疵つけてしまったことがわかります。

弁才船には、順風の時、逆風の時、暴風の時など、それぞれの操船の仕方があります。幸宝丸も、「つかせ」「たらし」など必死の努力をしていた様子が、文書から見てとれます。たとえば文書の中には  「帆ヲ下ケ為レ突《ツカ》居り（ほをさげ、つかせおり）」や、 「碇《イカリ》り弐挺たらし為レ引（いかりにちょうたらし、ひかせ）」などと書かれています。

「つかせ」とは、強風に少しでも流されまいと、帆を下げて風下へ流しながら走ることです。「たらし」とは、あまりに流され方が激しい時に、碇を綱につけて曳き、ブレーキにしたものです。

明治20（1887）年の難船絵馬　（石川県羽咋郡志賀町の金刀比羅神社所蔵）

明治26（1893）年の難船絵馬　（石川県加賀市の御木神社所蔵）

「つかせ」や「たらし」で凌ぎながら、少しでも天候が好条件になると、必死で陸地の方へ戻ろうとした様子がうかがえます。

正月二日には南風になったので、

「仮《カリ》柱帆ヲ巻《マ》、地方へ走り寄（かりばしら、ほをまき、じかたへはしりより）」とあります。

伐り倒してしまった檣の代用に帆桁を立てて（仮柱）、帆桁の代わりには水棹（みざお）などを継ぎ足して、どうにか帆を張って帆走したのでしょう。これを「仮帆（かりほ）」と言いますが、面積がもとの帆の二割程度にしかなりませんから、せっかく順風の南風を受けても帆走力が弱く、とても「地方（じかた）」（陸地）にはたどり着けません。そのうち風向きが変わり、流されてしまうことの方が多いのです。

幸宝丸も、翌三日からの五日まで続いた大西風で、さらに沖合まで流されてしまいます。この繰り返しには、本当にはらはらします。北西の季節風が強く吹き荒れるこの季節、幸宝丸に限らず多くの船がこのように漂流したのでしょう。

しかし、安心してください。九日に、よい兆候が現れます。

第二章は、その日の様子から始めましょう。

# 第二章　南海の島に漂着した阿波船

## 第一節　御鬮（みくじ）で伺う水主たち

『幸宝丸漂流一件聞書』によると、弘化二年一月九日の八ツ時頃（午後二時頃）、風が止まり、「辰巳（たつみ）」（南東）の方に島が見えた、とあります。

何日間も海しか見えなかった大海原に、島が見えたのですから、船中一同が力を得て、「悦入（よろこびいり）」（大喜び）したのはもちろんのことですが、その島に船を寄せてよいかどうか  「如何可レ有レ之（いかが、これあるべし）」と迷ったようです。

〝あの島に近づいてよいか、上陸してもよいか〟と  「不安心ニ存候ニ付（ふあんしんに、ぞんじそうろうにつき）」、乗組員たちは、次のような行動を取りました。

くずし字も少しずつ目に慣れ、だいぶ読めるようになっていらっしゃったのではないでしょうか。

は「東」のくずしです。ここまでで、風向きも合わせて「東西南北」のくずしがすべて出てきました。で「洛東《ラク》（らくとう）」です。この文書は、ところどころにカナがふってあり、ここでも「ラク」と見えます。

次の「清水観音様へ（きよみずかんのんさまへ）」まではいいでしょうか。「音」はのようにくずれます。清水寺は、京都の東山にありますので「洛東」で話が合います。

その観音様へ「心願致（しんがんいたし）」とあります。「致」が出てきてくれました。古文書によく出てくるくずしです。

次のは「御」ですが、その次のは何でしょうか。これは「鬮（くじ）」と書かれています。で「御鬮（みくじ）」。「御鬮を上ケ候所（みく

じを、あげそうろうところ）」ですから、島に船を寄せてよいかどうか、清水観音様にお伺いをたてたのですね。「御鬮」は、神仏に祈願してひく鬮ですので、「神鬮」とも書きます。江戸時代の文書では、御鬮を「ひく」とは言わずに、「あげる」とか「うかがう」とか出てきます。ここでも「上ケ」ですね。

観音様は何とおっしゃったのでしょうか。

は「為」のくずしです。「ため、たり、せ、なす」など、時に応じていろいろな読み方をします。は「寄」。六七頁の「走り寄」の「寄」とほぼ同じくずしで、下の部分は「可」のくずしに見えますね。で、ひっくり返って「為レ寄（よせ）」と読みましょう。六四頁の「為レ突（つかせ）」と同じ要領です。現在でも「為替（かわせ）」と読むのと同じですね。

は「間」。が「もんがまえで」が「日」です。

は「かねへん」に「甫」で「鋪」。

で「間鋪（まじく）」と読みます。「まじく」のもうひとつの書き方は「間敷」で、両方ともよく出てきます。ここでは、その下に「と申御鬮」とつながっていますから、「為レ寄間鋪と申御鬮（よせまじ、ともうすみくじ）」と読んでおきましょう。「御鬮」のところに墨の汚れが入っていて読みにくいですが、ここでの「鬮」は「もんがまえ」のように書かれています。

は「相」ですから「相下り候ニ付（あいくだりそうろうにつき）」。「見合」は「みあわせ」と読むべきですね。

つまり、〝あの島に船寄せしてはいけない〟という御鬮が下ったので、島に近づくのを見合わせた、と述べています。

救いの神は、漂流中の海上にやっと現れた〝島〟の方なのに、なぜ〝御鬮〟のお告げで近づくのをやめてしまうのだろう、助かるチャンスをみすみす逃してしまったではないか、と私たちは思いがちですが、幸宝丸に限らず江戸時代の多くの漂流船では御鬮をあげ、そのお告げに従っています。

一番多いケースは、船の位置も陸地の方角もわからなくなった時で、御鬮をあげて針路を決めています。御鬮は、十二支を書き記した紙玉などを使ったようです。

幸宝丸も、推定されるいくつかの鬮をつくったのでしょう。その中のひとつを選び出したところ「為レ寄間鋪」だったため、それを「洛東清水観音様」のお告げと信じて、神慮に従って行動したのだと思われます。

清水観音様に限らず、住吉大明神様、金毘羅様など、海上安全の守り神に対する信仰はとても篤く、第一章でご紹介した船絵馬や船霊信仰などにもつながっています。

何日も何十日も、時によっては何百日にもおよぶ漂流を生き抜くためには、水と食料があればよい、というものではありませんでした。いつ助かるだろうか、果たして生き抜くことができるだろうかと不安になり、絶望さえしかねない状況のもとでは、船頭を中心とした船の中での人の和はもちろんのこと、ひとりひとりの生存への強い信念と精神力が何より不可欠でした。

その支えとなった大きな要素が信仰心だったと思われます。必ず神が救ってくださる、仏が助けてくださる、という強烈な思いがあったからこそ苛酷な漂流に耐えられたのだと、多くの漂流記から読み取ることができます。普段から信心深い彼らだからこそ、漂流中はさらに神仏を頼りにして運命を委ねました。そして、それによって結果的に精神の安定を得て、長期の漂流に耐え得たのでしょう。

## 第二節　島への上陸

さて、幸運なことに、その二日後の一月十一日に「戌亥（いぬい）」（北西）の方に、小さい島が見えました。

幸宝丸は、水を補給するつもりでその島に近づきました。十三日に、まずは橋船（伝馬船）を降ろして探索しようとします。屏風のように切り立った島でしたが、橋船を漕ぎ着かせて何とか上陸し、あちらこちらを見まわったけれども、水は一向にない、とあります。岩穴の水溜りに雨水が少々あるだけで、これでは水を補給するという目的をかなえられそうもありません。

しかし、幸宝丸の船体の破損が激しく、これ以上の漂流には耐えられない状態でしたので、次のように決断しました。

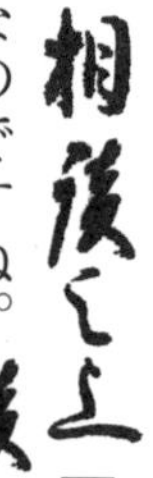「相談之上（そうだんのうえ）」とありますから、乗組員合意の上でのことなのですね。「談」の偏のが「ごんべん」のくずしです。

「嶋江上り候方（しまえ、あがりそうろうかた）」は、島に上陸しようという考え方が、ということですね。

「可」の下のは「然」のくずしでで「可レ然と（しかるべしと）」と読みます。適切だ、そうあるべきだ、といった意味ですね。

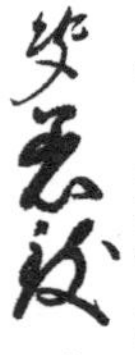は「決着致（けっちゃくいたし）」。いろいろな意見が出たかもしれませんが〝上陸しよう、それがここでの最善の策だ〟と決着がついたのですね。

その後、彼らはどんどん行動を始めました。米はもちろんのこと、船中にあった食料、銘々の衣類や身の回りの道具などを橋船に乗せて、上陸可能な磯合から運び上げています。

それにしても、先ほどから活躍している橋船は、櫓を切った時に疵つけてしまったはずですが、だいじょうぶだったのでしょうか。それについては、次のようにあります。

そうだったのですね。修繕済みだったのです。
どの言葉でそれがわかるでしょうか。です。は「にんべん」に
「乍（ながら）」の「作」でで「作事」です。
は「皿・あみがしら」に「直」のくずしで「置」。
「致シ置候事（いたしおきそうろうこと）」。

つまり、作事を済ませておいた、修繕して使える状態にしておいた、ということですね。

いつ、その作業をしていたかというと。ここには、三文字書かれています。

まん中の筆が止まっているところを「候」と読んで「流候内（ながれそうろうち）」。

漂流している間、何もせずにただ流されていただけではありませんでした。天候がよくなった時や揺れの少ない時を見計らって、どこかに上陸できそうな〝いざ〟という時に備えて、着々とその準備をしていたのですね。
は「夫」。は、繰り返しを表す「々」ですのでで「夫々（それぞれ）」と読みます。
ほかにも「苫ふき直し」との記載もあります。「仮柱」（仮檣）も立てていましたね。このように暴風雨に翻弄されながらも、船の各部を修理しつつ漂流していたことがわかります。

## 第三節　島のありさま

さて、一月十三日に島に上陸した彼らは、その後どうしたでしょうか。

文書『相州浦賀江入津、異国船荒増』に戻り、そちらの記載から見ていきます。

左頁は、その文書に描かれた絵です。島の絵のようです。『幸宝丸漂流一件聞書』にあった〝屏風のように切り立った島〟という表現に通じるものがあります。

絵の右手に  「此所ヨリ橋舟ニ而上ル（このところより、はしぶねにて、あがる）」とあるのは、橋船で上陸した磯合の地点を示しているのでしょう。

上陸した彼らは、早速、島を歩きまわって調べたようで、絵の下には、「此島廻り五里余（このしままわり、ごりあまり）」などと、わかったことがいろいろ書かれてあります。

その中に、次の記載があります。

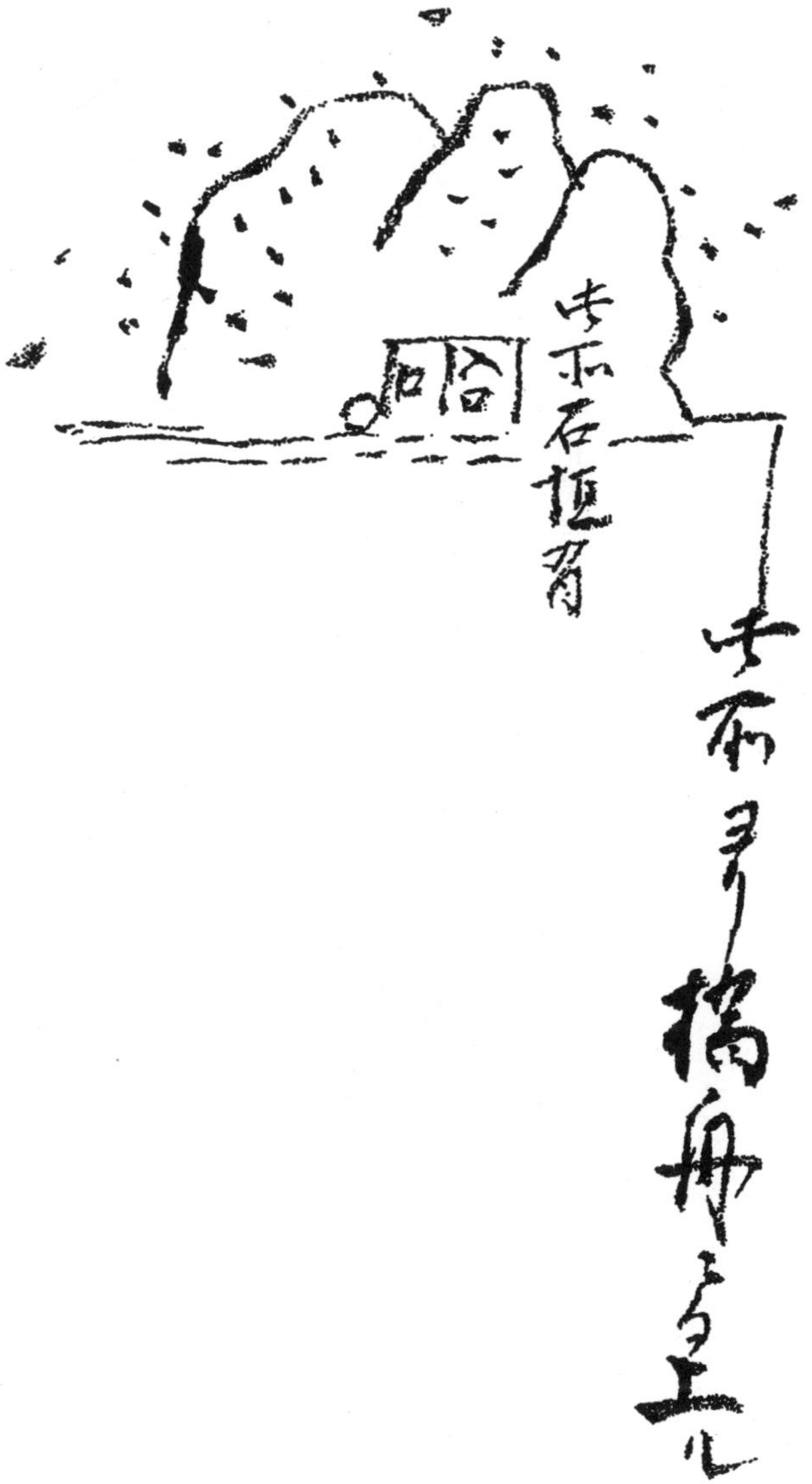
此所石垣有
此所ヨリ橋舟ニテ上ル

とは、とてもよく似ていますが、区別して読み取らなければなりません。

は「鳥」のくずし。は「島」です。

ですからは「諸鳥（しょちょう）」。は「果」に「多」の「夥」です。

「し」が送ってありますので「夥し（おびただし）」。

つまり、鳥が非常にたくさんいる、と言っています。

その様子を、「島一面鳥なり（しまいちめん、とりなり）」と表現しているわけです。「な」は「奈」のくずしです。

さあ、前頁の絵をもう一度見てみてください。この点点は、何でしょうか。島のまわりにたくさん描かれた墨の点は、何を表しているのでしょうか。

〝鳥〟です。これこそ「諸鳥」が「島一面」に夥しく飛んでいる様子だったのですね。それに気づいた時、「何とすてきな絵だろう」と感嘆してしまいました。ひとつひとつの点が、本当に鳥に見えてきました。島のまわりを飛び回っている鳥です。

写実的に描かれた絵、色刷りの絵も、もちろんすばらしいのですが、このように想像力をかきたてる絵が文書の中に描かれていると、本当にうれしくなります。

彼らが島を探索した成果を、もう少し読んでみましょう。

「大木ナシ（たいぼく、なし）」。

は「くさかんむり」に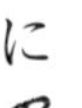「早」のくずしで「草」です。「小木」の下のは「計り（ばかり）」と読みます。

この島には大きな木はなく、草が生えていたり小さな木があるだけだ、と言っています。芦やグミの木、ニハトコの木などもある、と書かれています。

は「五色（ごしき）」と書かれています。「五色の」何でしょうか。は「朝」のくずしでいいですがが難しいですね。これは「皃」で「朝皃（あさがお）」です。私たちは「朝顔」と書きますが、江戸時代の文書には、「朝皃」もしばしば見られます。

その「五色の朝皃」が島に「あり」。「あ」は阿波の「阿」ですね。

その朝皃が「正月ニ咲（しょうがつに、さく）」と、驚いています。

江戸時代の人たちにとって、朝皃は身近なものだったようです。品種改良して、いろいろな朝皃を楽しんでいる様子も見られます。幸宝丸の乗組員たちも、故郷で見慣れている朝皃に、心を癒されたのでしょう。ただし、いつも自分たちが夏に楽しんでいる朝皃が、正月も半ばの真冬に咲いていることは、思いがけなかったに違いありません。

いろいろな魚も多く、貝類も海苔も豊富で、そのほかにもたくさんあって述べきれないぐらいだ、とも書かれています。飲料水はともかく、食べ物は豊富なところに漂着したことに、本当にほっとしたことでしょう。

文書には、この島を「ヲカサ嶋」と書いていますが、実際に彼らが上陸したのは伊豆諸島の南端に位置する鳥島でした。八丈島から約三百キロメートル南にある島（一四〇・一四一頁地図参照）です。鳥島からさらに約三百七十キロメートル南下すると、小笠原諸島の聟島列島があります。

左頁の鳥島の写真を見てください。先ほどの、〝点点の鳥〟がたくさん描かれた文書の絵（七九頁）に、形がそっくりなのに驚かされます。

鳥島全景

切り立った崖と、わずかな磯合（写真提供：株式会社 NAVIGATOR）

湾磯合かく少へ
　　　　　　　畫成ヶ段ノ上も
　　　　　　　住居なし
　　　シカ〻湾上ニ宣案
　　言サ　松ノ下
　　溶島より湾一面もゝ
　　大平たシ
　　草木なり

　十所ヨリ上ル

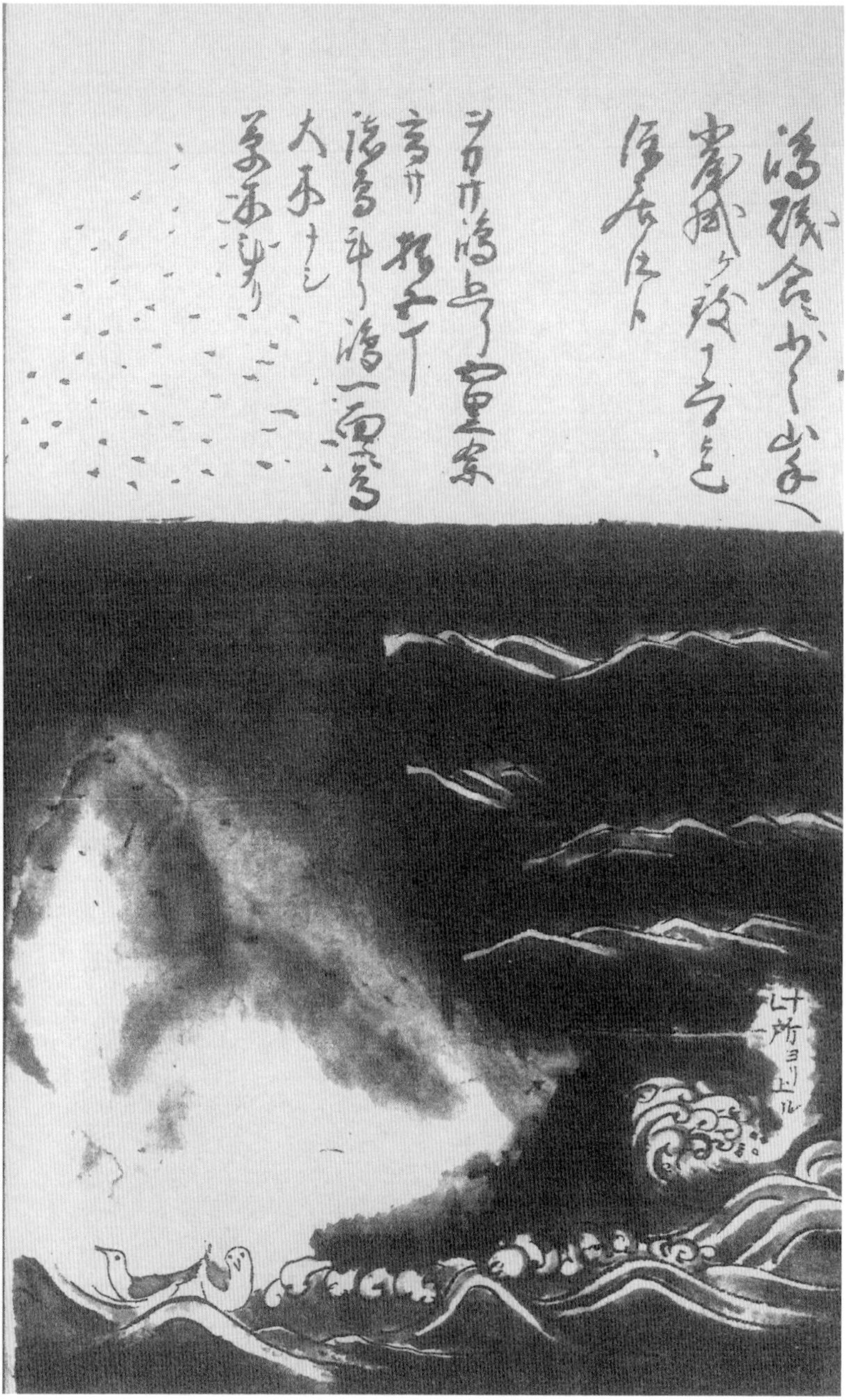

大海の中の鳥島（『幸宝丸漂流一件聞書』国立国会図書館所蔵）

鳥島のアホウドリの群れ（1930 年に山階芳麿氏撮影）

美しいアホウドリの成鳥（写真提供：財団法人山階鳥類研究所）

八四・八五頁の絵は、『幸宝丸漂流一件聞書』の方に描かれていた絵です。ここには大海の中の鳥島、そして波間に漂ったり空を飛んだりしている多くの鳥、さらに朝皃が印象的に描かれています。

鳥島と言えば、絶滅が危惧されている特別天然記念物のアホウドリを連想される方も多いのではないでしょうか。右頁は、そのアホウドリの写真です。翼のさしわたしが二メートル余り、体重は四~五キログラムもある、とても大きな海鳥で、空を雄大に飛ぶ姿から〝沖の太夫〟とも呼ばれます。十九世紀後半から二十世紀前半にかけて、人間が羽毛を採取するために乱獲したのが原因で激減してしまい、現在では二千羽ほどになってしまいましたが、この文書の頃には、北西太平洋の島々に数十万羽いたと考えられています。「島一面、鳥なり」(七八頁)の〝鳥〟は、まさにこの〝アホウドリ〟だったのですね。「島一面」という表現は大げさではなさそうです。江戸時代後期の書物には、八丈島の南の海に、はるか上空まで多数の白い鳥が舞い上がって、海に白い柱を立てたように見えるものがあり「鳥柱(とりばしら)」と呼ばれている、ということが書かれています。

海流と風の関係で、江戸時代には多くの漂流民が鳥島にたどり着いています。彼らは、アホウドリを食べることによって生き延びることができました。

## 第四節　島での生活

一月十三日に上陸してから、幸宝丸の一同はどのように暮らしていたのでしょうか。磯合から山際の方へ小屋掛けして住居にした、とあります。

その翌日に、大変なことがありました。

「元船（もとぶね）」とは幸宝丸のことです。

幸宝丸が「正月十四日」に「破舟（はせん）」したとあります。上陸した翌日には、船がすっかり壊れてしまったのですね。

もうこれ以上の漂流に船体が耐えられないだろう、と判断して上陸したのは、結果的に正しかった、ということになります。しかし、元船を失った彼らの落胆は、さぞや大きかったことでしょう。

彼らは次の行動に出ます。新しい住居を探したのです。長期の生活になることを覚悟し、それに備えて、安定した住み家を確保しようとしたのでしょう。

「石」に「幾」で「磯」。「こざとへん」に「祭」のくずしで「際」。

は「磯際ヨリ（いそぎわより）」。

は「のぎへん」に「呈」で「程」。「二丁程山江登り（にちょうほど、やまえのぼり）」。一丁は六十間（一間は約一・八一八メートル）ですから、「二丁程」は二百十八メートル程になります。

磯際は五日間過ごした海岸の住居です。そこから二百メートル余り山側に登ったところの「谷合（たにあい）」に、「左之（さの）」というのは、左の絵のようなものが、という意味です。

その絵を左頁に載せました。

「石垣築上ケ（いしがき、きずきあげ）」ですから、石を積み上げて石垣にしたものが「有レ之（これあり）」、と言っています。

絵を見てみると、奥（上）に二列、手前（下）に二列の石垣があり、手前の石垣には屋根が葺いてあります。

文書には、「石垣が大小二か所あって、その大きい方に芦などで屋根を葺いた。そこを住み家にすることにして、十八日に磯の住居から移った」と、書かれてあります。

絵に描かれた㊌は、新居から六メートル程下りたところの山際の穴に、水が溜まっているものです。彼らが状況に絶望せず、島を歩きまわって探索したり、そこにあるものを使って何とか工夫しようとしている努力が伝わってきます。

さて、二月三日に、さらに厳しい事態が起こりました。

倉庫　合宿所
㊌

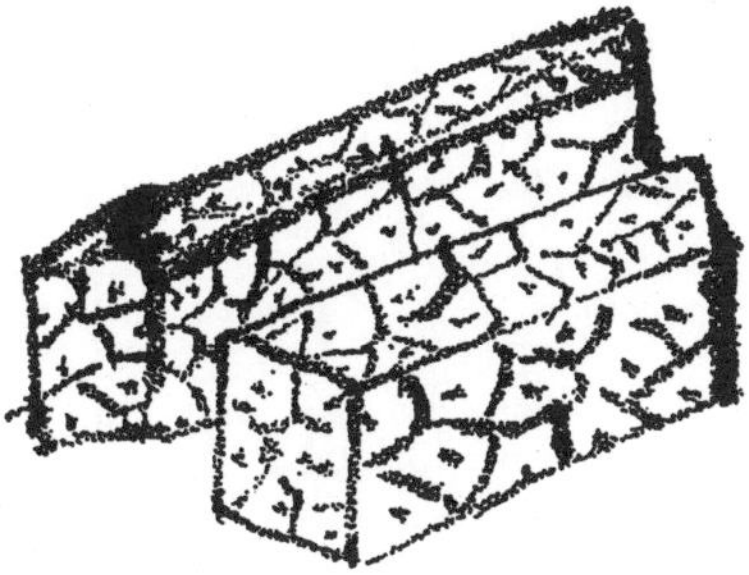

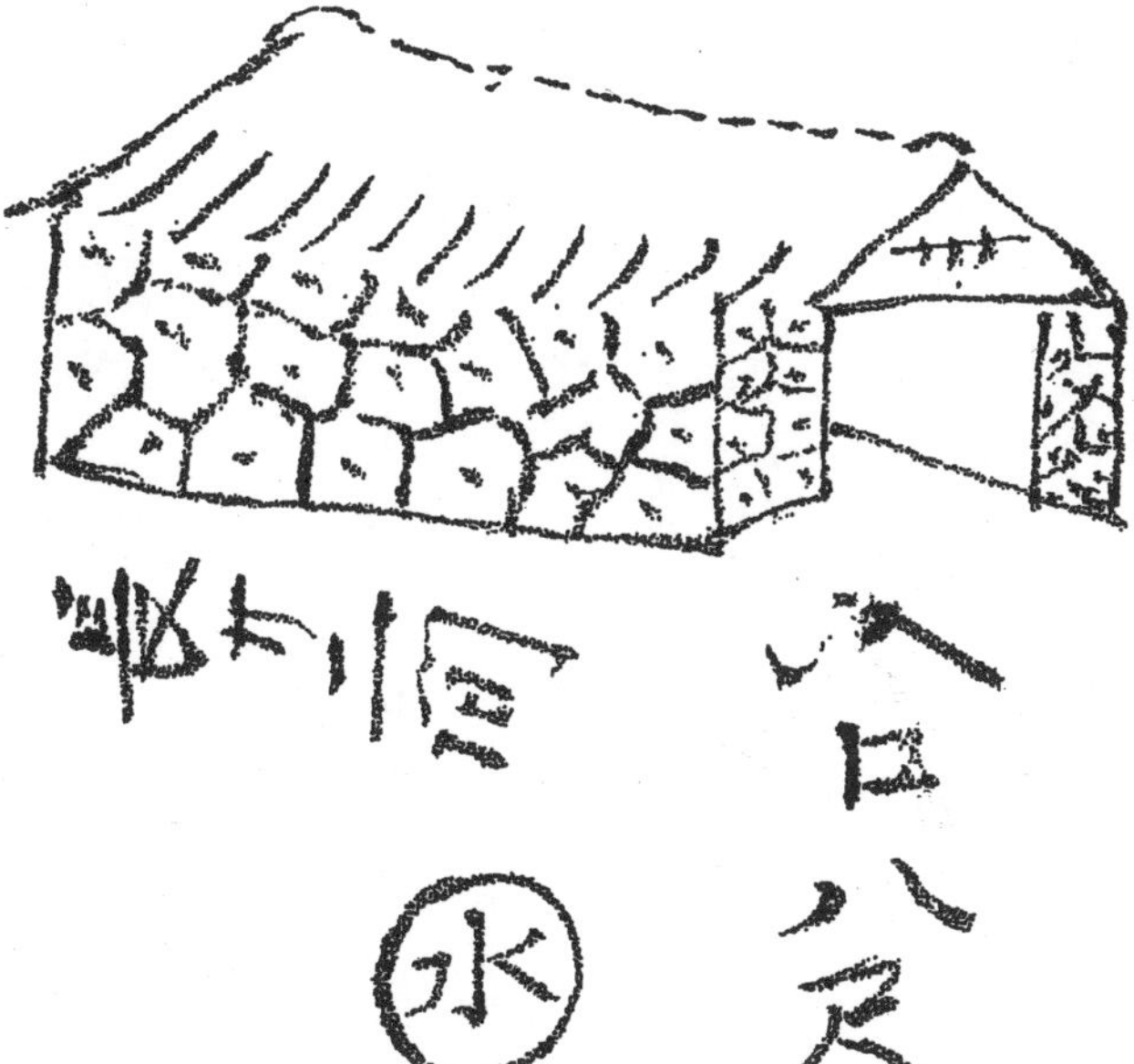

「大西風（おおにしかぜ）」で海が「浪立（なみだち）」と書かれてあります。

そのために「橋船（はしぶね）」が「破船（はせん）」してしまった、とあります。

の部分は、まず、が「為レ登」で「のぼせ」と読みます。「登」は、先ほど八九頁で見たよりもだいぶくずれていますが、このがよく出てくる形です。は七六頁で見たと、上の「あみがしら」の部分のくずし方が異なりますが「置」です。で「為レ登置（のぼせおき）」となります。

これは、古文書でよく出てくる大切な表現です。は「候」。は「得」が書かれています。が「共」のくずしですのでで「候得共（そうらえども）」と読みます。

候得共（そうらえども）→うまくいかない

候得者（そうらえば）→うまくいった

という文脈になりますから、ここでも〝登せておいたが、破船してしまった〟というわけです。

安全だと思われるところに置いておいた橋船まで、風や波で破壊されてしまいました。元船（幸宝丸）に続いて橋船も壊れてしまったということは、自力でこの島を抜け出すことが不可能になったことを表しています。彼らは、さぞかし落胆したことでしょう。『幸宝丸漂流一件聞書』には「一同、力ヲ落し（いちどう、ちからをおとし）」と書かれてあります。

しかし、彼らはじっとしていません。

ここからしばらく『幸宝丸漂流一件聞書』の方から情報を得てみましょう。

二月五日に住居の近くを掃除していたところ、水溜りの際に石碑（「イシブミ」とカナがふってあります）があるのを見つけた、とあります。その石碑には文字があり、内容は次のようなものでした。

〝この島には、日本から何度か漂流者がたどり着いたけれども、船を造って渡って行った。ここより北の浦に穴があり、その中に書き置きがある〟

早速、北の浦に出向いた彼らは、波打際から百メートル余り上に穴があるのを見つけます。それが、九五頁の絵です。

残念ながら書き置きはなかったようですが、穴の中にはいろいろな品物がありました。

絵の下にその説明が書いてありますね。

此所、穴の中ニ日本きせるの計り有レ之、

（このところ、あなのなかに、にほんきせるのばかり、これあり）

銭壱文アリ、外ニスミカキ、炮丁之様成モノアリ、

（ぜにいちもんあり、ほかに、すみかき、ほうちょうのようなるものあり）

『相州浦賀江入津、異国船荒増』の方には「きせるの頭壱ツ」と書かれてあります。ここに描かれた絵は、確かにきせるの〝頭（雁首）〟です。その部分だけで、吸い口などはなかったのですね。

〝日本の〟きせる、〝日本の〟一文銭、そして、見覚えがあるような炭掻きや包丁に、自分たち以前にも日本人がここに漂着していたのだ、この穴に住んでいたのだ、と彼らは実感したことでしょう。

穴の近くの水溜りの絵には、

穴の側ニアリ、白土ニ而塗有レ之、

（あなのそばにあり、しらつちにて、ぬりこれあり）

と、書かれています。これも、人の手が加えられている証拠ですね。

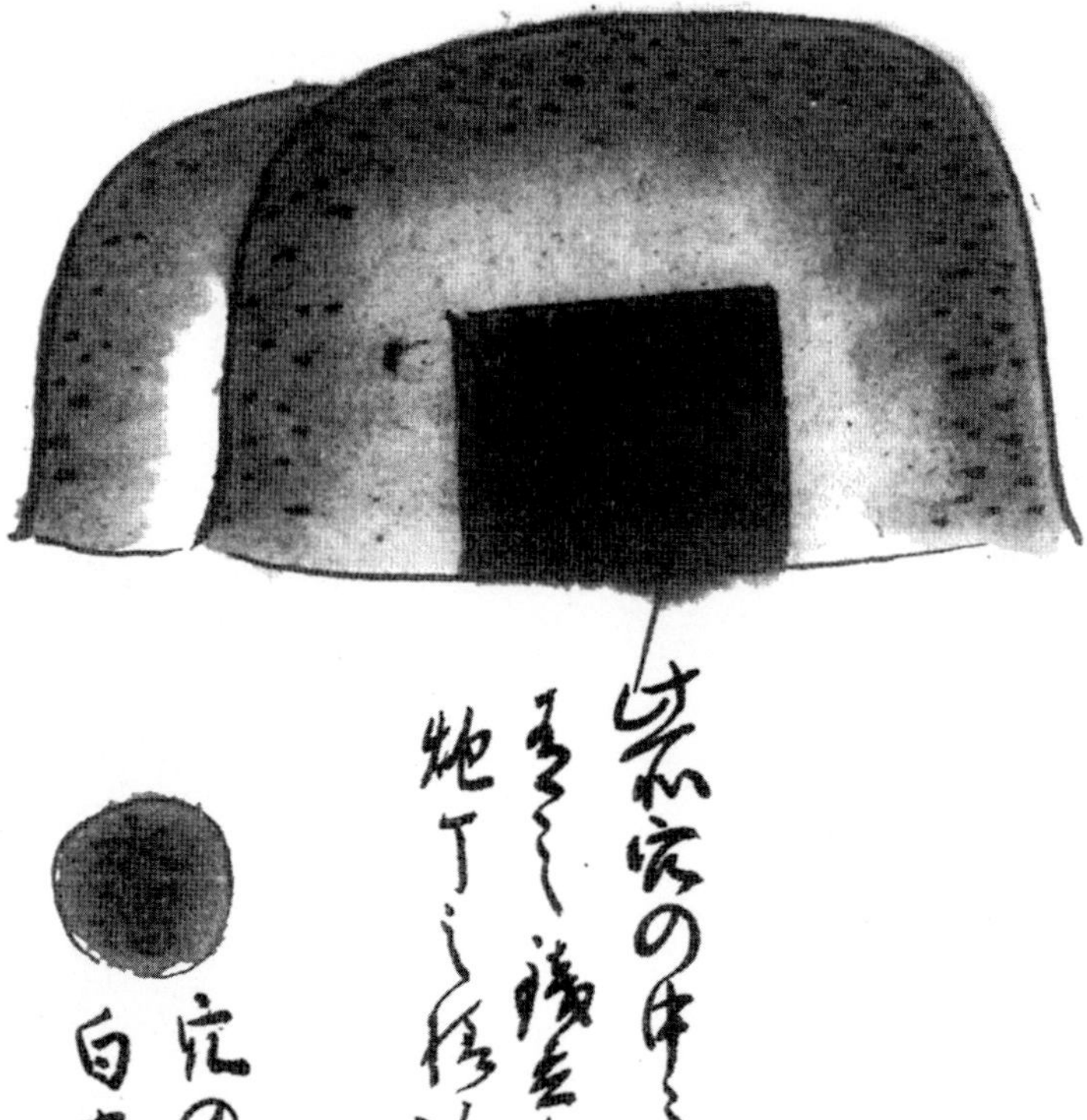

洞穴と水溜り（『幸宝丸漂流一件聞書』国立国会図書館所蔵）

鳥島の中の洞穴入口と水溜り
（『撫養天野屋舩南部舩外舩ニ被助聞書』東京海洋大学附属図書館越中島分館所蔵）

鳥島には、漂流者たちが何組か上陸していることは、前にお話したとおりです。その中には、漂着後この鳥島で何と二十一年間も生き抜いた人たちもいます。彼らは、新たに漂着した廻船の乗員たちとさらに一か月間の島暮らしを送ったのち、その伝馬船に乗せてもらって八丈島に渡り、江戸に着くことができました。

幸宝丸の乗組員が見つけた石碑にあった〝船を造って渡って行った〟という事例も、本当にありました。

①天明五（一七八五）年二月十三日、土佐の小型廻船（四人乗）が鳥島に漂着。本船（元船）も伝馬船も壊れ帰還の手段なし。病死者が相次ぎ、水主一人のみが生存者。

②天明八（一七八八）年二月一日、大坂の廻船（十一人乗）が鳥島に漂着。やはり、本船も伝馬船も壊れ帰還の手段なし。①の生存者と合流。

③寛政二（一七九〇）年一月二十九日、日向の小型廻船（六人乗）が、鳥島に漂着。本船も伝馬船も流出。①②の人たちと合流。

そして、①②③の漂流民たちは、③の乗組員が大工道具を持っていたことから、自力での帰国を決意して、流木を集めて船を建造することを計画します。そして、七年以上の月日をかけて、とうとう一艘の小船を造り上げました。

この間に、残念ながら②の水主二人、③の水主二人が病死してしまいますが、寛政九（一七九七）年六月八日、生き残った漂流民十四人は、手造りの船に乗り込み鳥島に別れを告げました。

そして、五日後の六月十三日に青ヶ島に到着しました。七月八日の朝には、案内人の青ヶ島の住人を乗せて順風を受けて出帆、その日の夜に八丈島に着きました。見事に自力での生還を果たしたのです。

〝船を造って渡って行った〟その心身の力強さに感嘆し、あきらめずに協力すれば不可能なことも可能になるという実例に、圧倒されます。

「きせるの頭」「銭壱文」「スミカキ」「炮丁」は、彼らが残したものかもしれません。あるいは、幸宝丸の漂流の少し前に漂着していた中浜万次郎（ジョン万次郎）たちの一行が残したものかもしれません。

天保十二（一八四一）年一月七日、土佐の鰹漁船（五人乗、万次郎は最年少で炊〔かしき〕）が、土佐湾で操業中に西風に吹き流されて漂流。そのまま流されて、一月十三日の夕刻に鳥島に上陸しています。一週間足らずで鳥島に到着できたのは幸運なことでした。漁船は廻船と違い、食料も飲み水もあまり積んでいませんので、それ以上長期間流されることは生命の危機を招きました。

その後、彼らは鳥島に立ち寄ったアメリカの捕鯨船に救助されました。ジョン万次郎は船長の好意でアメリカで学校教育を受け、幕末に帰国後は、幕府の外交書簡の翻訳に従事するなど、日米間の交渉になくてはならない人物になっていきます。

万次郎たちがジョン・ハウランド号のホイットフィールド船長らに助けられて鳥島を後にしたのは、幸宝丸の乗組員たちが鳥島に上陸する三年半程前のことでした。

幸宝丸の一同は、そのことを知る由もなかったでしょうが、島を歩きまわるうちに見つけた石垣の列、石碑とその文字、洞窟とそこにあった遺留品などから、以前から日本人の漂流者が漂着していることを知り、ますます望郷の念に駆られたことでしょう。

それとともに、〝船を造って渡って行った〟人たちのように、自分たちもいつか故郷に帰れる、帰る日が来る、と勇気をもらったと信じたいと思います。

# 第三章　異国船に救助される

# 第一節　夢のお告げ

引き続き『幸宝丸漂流一件聞書』の記載を追っていくことにしましょう。船乗りたちが信心深いことは、前にもお話した通りですが、島に上陸してからの彼らは、さらにそうでした。日本へ帰れますようにと朝夕に諸神諸仏へ祈っていたとあります。

そして、その「諸神諸仏之加護にやよりけん」（諸々の神や仏のご加護のお蔭であろうか）、二月七日にがあったと書かれてあります。の部分が「くさかんむり」では「夢」です。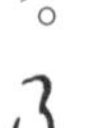は「乃」のくずしの「の」です。「夢の御告（ゆめのおつげ）」があった、というのですね。しかも、四人にです。

船頭　「徳之丞（とくのじょう）」の夢から見ていきましょう。

「元船ニ而（もとぶねにて）」ですから、夢の中に幸宝丸が出てきたのですね。

「江戸江乗込候夢（えどえ、のりこみそうろうゆめ）」。

壊れたはずの幸宝丸が、もとどおりの姿で徳之丞の夢に現れたのですね。それに乗って、目的地の江戸に入った夢を見ました。

次は　「幸蔵（こうぞう）」ですが、四九・五〇頁に書かれた幸宝丸の水主たち十一人の中には、「幸蔵」の名前がないのです。『撫養天野屋船南部船外船ニ被助聞書』（東京海洋大学附属図書館越中島分館所蔵）などには、この夢を見たのは「幸助」だとなっていいますので、ここで「幸蔵」と書かれている人物は、おそらく幸助のことだと思われます。

その夢に　「弘法大師（こうぼうだいし）」が出てこられました。　「印」に「しんにょう」で　「迎」ですので、　「御迎ニ（おむかえに）」。　「御出（おいで）」。次の　は「被」がくずれたもので、ひっくりかえって　「被レ成（なされ）」と読みます。　「そうろうゆめ」。

弘法大師様が、われわれを迎えに来てくださった夢、と言っているのですね。

　「惣八（そうはち）」の夢は、何でしょうか。

　「何国の船共不レ知（いずくにのふねとも、しれず）」どこの国の船とはわからないけれども、と言っています。

　「立帆之塗船ニ而（たてほの、ぬりぶねにて）」。塗船とは漆で塗装した船です。装飾とともに船体の防腐を兼ねたもので、船足も速くなりました。

　「迎ニ（むかえに）」は、先ほどの幸蔵（幸助）の夢にも出てきたくずしです。その次の　は「参」のくずしです。　「迎ニ参り候夢（むかえにまいりそうろうゆめ)」となります。

自分たちを迎えに来てくれる塗船の姿を、惣八は夢の中で見ました。

「兼蔵（けんぞう）」は、どうでしょうか。

「在所より（ざいしょより）」ですから、阿波国撫養近辺の故郷からです。「迎ニ参り候夢（むかえにまいりそうろうゆめ）」。この部分は、前の惣八のところとほぼ同じくずしですね。

心配した故郷の人たちが迎えに来てくれて、再会を喜ぶ夢を見たのでしょう。

- 自力で海を渡る夢　徳之丞
- 弘法大師様が助けてくださる夢　幸蔵（幸助）
- 見知らぬ船に救助される夢　惣八
- 故郷からの助けが来る夢　兼蔵

そのどれもが、一同が待ち望んでいることでしょう。文書には、七日の夜に、このように「瑞夢（ずいむ）」（縁起のよい夢）があった、と書かれてあります。

〝うれしい夢を見た〟〝これは、きっとよいことが起こる前ぶれだ〟〝必ず助かるに違いない〟と、みんなでお互いを力づけていたのでしょう。

## 第二節　島での食べ物

「瑞夢」の効果は、思わぬところに表れたようです。

島には川もなく清水も湧かず、雨水だけが頼りでしたが、一月十三日の上陸以来、一度も雨が降りませんでした。

「ありかたや（ありがたや）」。すべて、かなになっていますが、そのもとになっている漢字は「安利加多也」です。

「其夜（そのよる）」。「其」は、古文書によく出てくるくずしです。

「初而雨降り（はじめて、あめふり）」。

ありがたいことに、夢のお告げがあった二月七日の夜に、願っていた雨が初めて降りました。どんなにかうれしく、ほっとしたことでしょう。

せっかく降った雨水を溜めておく入れ物がないために苦労し、工夫したようです。磯の岩に穴があるところを探して、その中をよくよく清めて雨水を溜めて大切にした、と書かれてあります。

飲み水は、そのように確保したとして、食べ物はどうしたのでしょうか。

『相州浦賀江入津、異国船荒増』には、次のように書かれています。

「飯米（はんまい）」を「八俵程（はっぴょうほど）」「所持（しょじ）」していた、とあります。「候得共（そうらえども）」は、九〇頁のとほとんど同じです。

しかし、いつまでこの島に住むことになるかわからないので、次のようにしました。

「十一人ニ而（じゅういちにんにて）」「一日（いちにち）」とありますから、十一人全員で食べる一日当たりの米の量を決めたのですね。
それが「米壱升ツ、（こめ、いっしょうずつ）」ですから、一日にひとり当たり一合足らず、九勺程ということになります。は、ここに二文字書かれています。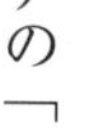がカタカナの「ツ」、その下のは、カタカナを繰り返す記号の「、」で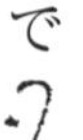「ツ、（ずつ）」です。
しかし、彼らにとって幸運だったのは、鳥島の自然が持つ豊富な食料でした。

は、一〇六頁の「其夜」の「其」です。は「しょくへん」に「余」が書かれた「餘」です。で「其餘（余）ハ（そのよは）」と書かれていて、それ以外は、という意味です。ここでは米以外は、ということになります。
「魚（さかな）」、「海苔（のり）」、「貝（かい）」の次のは「てへん」に「不」が書かれていて「抔（など）」と読みます。「等」と字は違いますが、同じ

意味で、古文書に時々出てくる字です。は「くちへん」がある「喰（くう）」です。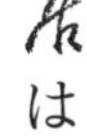は「居」ですから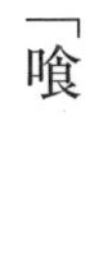「喰居（くいおり）」となります。

米をなるべく減らさないように、魚や海苔、貝などを食べていたのですね。それらに恵まれた鳥島に漂着できたことは、不幸中の幸いでした。

『幸宝丸漂流一件聞書』にも次のようなことが記されています。

三月下旬頃になったら海上がきっと穏やかになるだろうから、よい時節を見計らって、橋船で海を渡る積りでいた。ところが、橋船が壊れてしまって、もはやその手だてもなくなってしまい、一同は嘆き悲しんでいる。

その上、食料がなくなってしまってはどうしようもなくなるので、海苔を食べ、よい日和の時には磯に下りて魚や鳥や貝類を採り集めて食べていた。

このようにして日々を過ごしていたが、この島にいつまで暮らすことになるのかと思うと嘆きは深く、どうやって海を渡ろうかと考え、その工夫だけを毎日していた。

彼らの心情が推し測られ、〝海を渡る手だて〟が見つかるようにと、祈る気持ちになります。

# 第三節　異国船との出会い

文書からわかった鳥島での様子を、まとめてみましょう。

弘化二年一月十三日　鳥島に上陸し、磯合に住居を造る。
十四日　元船（幸宝丸）が壊れる。
十五日　石垣を見つける。
十八日　屋根を葺いた石垣の住居に移る。
二月　三日　橋船が壊れる。
五日　石碑の文字を読み、北の浦の穴できせるの頭などを見つける。
七日　夜に夢のお告げ（瑞夢）があり、同夜に初めての降雨。

この翌日、二月八日に事態は急展開します。『相州浦賀江入津、異国船荒増』の記載です。

二月八日「二月八日（にがつようか）」に異国船「異国船（いこくせん）」が走寄「走寄（はしりより）」とあります。外国船が鳥島に近づいたのですね。

彼らは、これで助かると大喜びしたでしょうか。どうも、そうではなさそうです。

『幸宝丸漂流一件聞書』の方から事情を見てみましょう。

　讃岐国の金毘羅様へ心願を込めて火を焚き、その火の手で助けを呼ぼうとしたところ、二月八日の朝、沖合に船の姿を見つけた。これこそ諸神のお助けだと喜び、どの船が助けに来てくれたのかと楽しみに待っていたところ、近づくにつれてそれが異国船だとわかった。

　どうしてよいかわからず、清水観音様に御鬮をあげて、異国船に救助を頼んでもよいかどうかと重ねて伺うが、この島にいるようにとお告げがあった。

日本に渡る手段がなくなり、食料も乏しくなってしまったので、御鬮に背中を押してもらって、恐る恐る異国船に助けを求めようとしたのかもしれません。しかし、御鬮のお告げは、それを勧めませんでした。どうしたものかと一同であれこれ相談しています。

彼らが見た異国船は、どんな姿をしていたのでしょうか。一一三頁から一一七頁まで、いろいろな文書に描かれた、この異国船の姿をご紹介します。

彼らが恐れと期待で迷い躊躇している間に、異国船から伝馬船が二艘降ろされます。

「船中の唐人（せんちゅうの、とうじん）」。異国船に乗った唐人が、という意味ですが、この〝唐人〟とは広く〝外国人〟を指しています。中国人に限定しているわけではありません。

は「勢」ですので、「大勢（おおぜい）」。は「右」。は、かなりくずれていますが「にんべん」に「専」で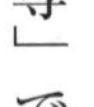「傳（伝）」。は「馬」ですので、「右伝馬江（みぎてんまえ）」。二艘の伝馬船に、ということです。

「乗込（のりこみ）」。異国船から伝馬船に、多くの異国人たちが乗り込みました。

そして、「磯江こき付（いそえ、こぎつけ）」。「こき」のもとになっている漢字は「古幾」です。

伝馬船が岸に着き、いよいよ異国人との出会いになります。

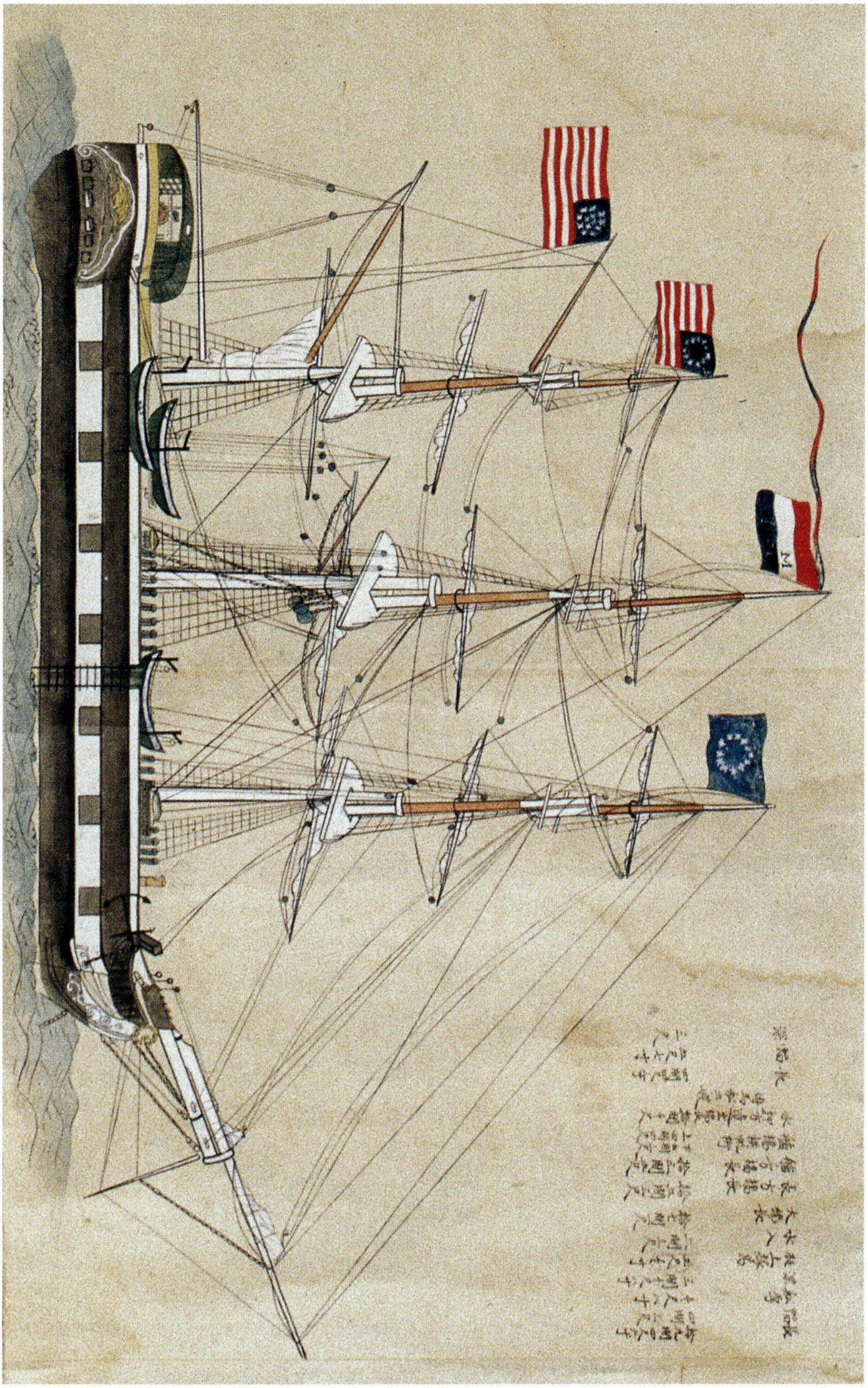

マンハッタン号（『弘化二巳年三月浦賀沖合江渡来亜米利加船并人物之図外器財之図』神戸大学海事博物館所蔵）

図書館越中島分館所蔵）

マンハッタン号（『撫養天野屋船南部船外船ニ被助聞書』東京海洋大学附属

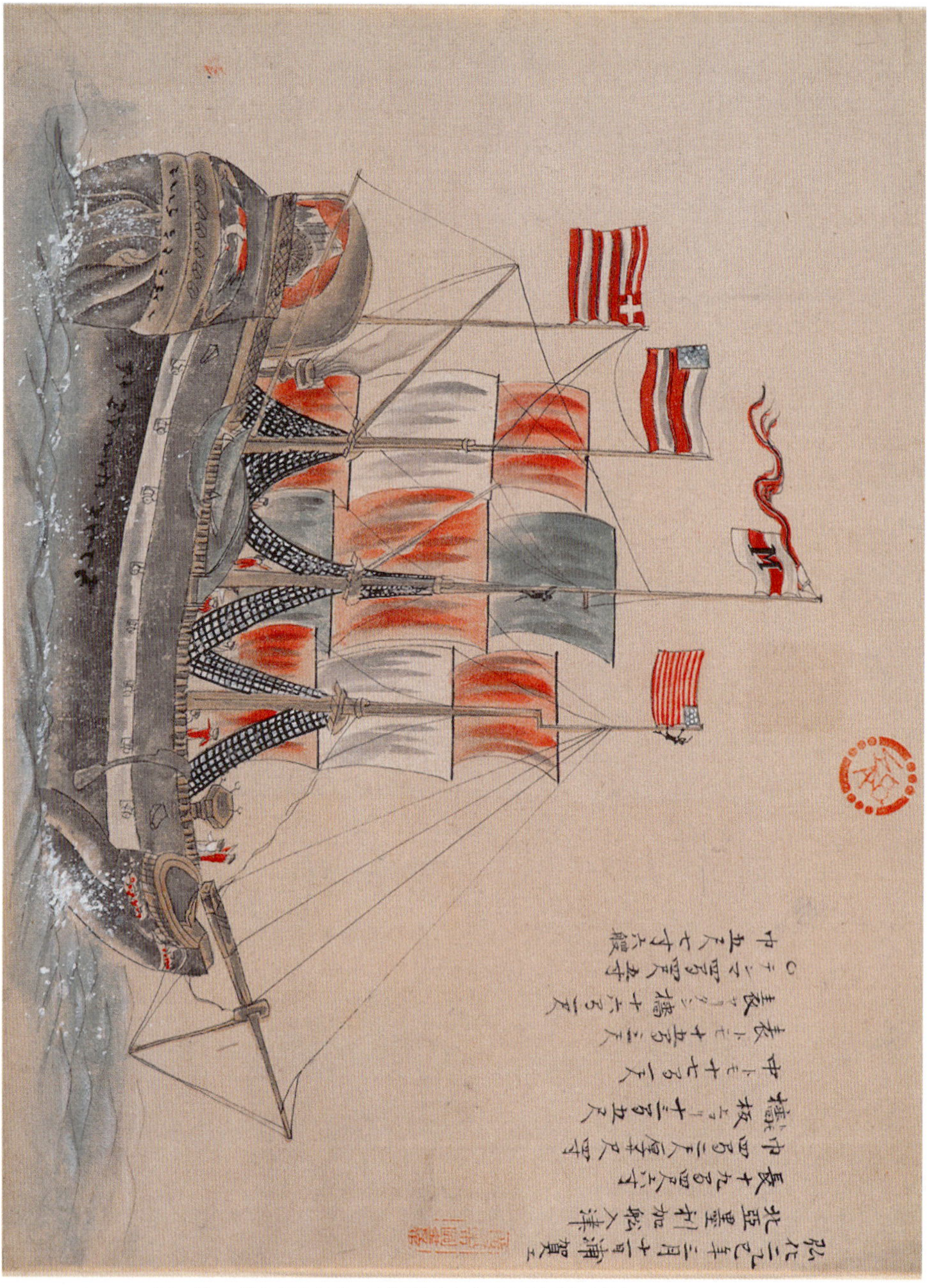

マンハッタン号　（「北亜墨利加船」横浜市中央図書館所蔵）

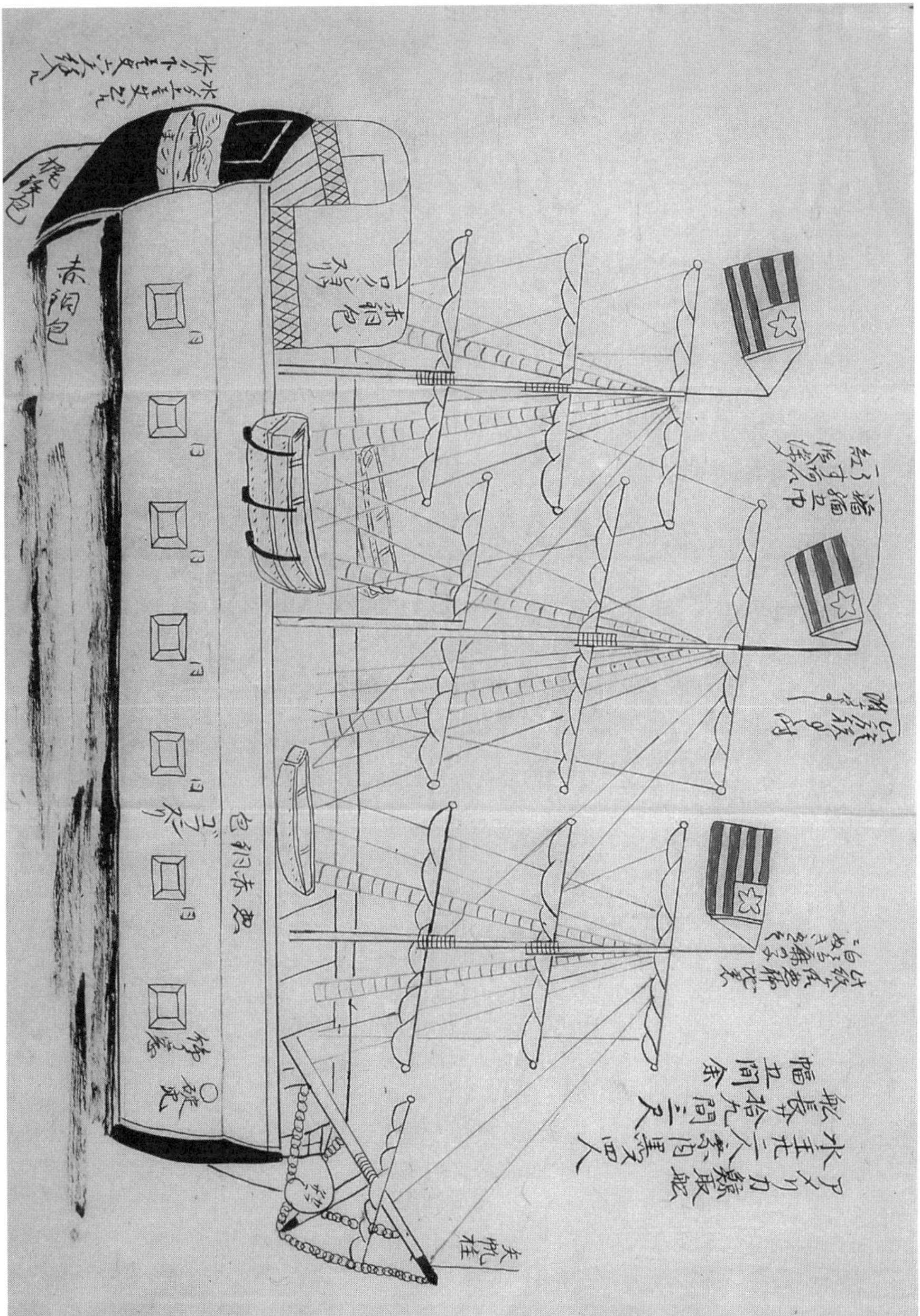

マンハッタン号（『弘化雑記』国立公文書館内閣文庫所蔵）

## 第四節　異国船に乗り込む

上陸して「頭分壱人（かしらぶん、ひとり）」、「外ニ壱人（ほかにひとり）」の異国人が、石垣の住み家に登ってきました。「助呉候様（たすけくれそうろうよう）」訴えても「日本之言葉（にほんのことば）」が、一向に伝わらないとあります。

そこで、次のようにしたと『相州浦賀江入津、異国船荒増』の方に書かれています。

「仕方ニ而（しかたにて）」。〝仕方〟とは、手真似や身振りのことです。の旁の「おおがい・頁」は、二八頁で見た「船頭」の「頭」の旁と同じです。「頼ミ（たのみ）」と書かれています。言葉が通じないので身振り手振りで必死に伝えたのですね。具体的には「手ヲ合、拝ミ候故（てをあ

わせ、おがみそうろうゆえ)」とあります。「承知いたし（しょうちいたし）」。

よかったですね。わかってくれました。

『幸宝丸漂流一件聞書』には、その時に住み家にいたのは五人だったと書かれています。ほかの六人は、どうしていたのでしょうか。

その事情を、『乙巳漂客記聞』からは次のように読み取れます。この文書は、紅梅堂主人（蘭学者の宇田川興斎）が、弘化二年六月に江戸の某家で漂客二人、阿波の徳之丞と南部の松兵衛（一三六頁）に会って、その顚末を聞き書きしたものだとあります。幸宝丸に関する記載は、徳之丞が話した内容とのことです。原本は漢文体で書かれています。

> 遠くに見えた船が急速に近づいてきて、それが異国船だとわかった時、皆は色を失った。きっと殺されると恐れ、逃げて隠れようとした。
>
> 徳之丞がそれを制して「いやいや。こちらが手を垂れ、地に拝し、漂流がどんなに苦しかったかを示し、その上で命乞いをしたら、同じ人間として、きっと哀れんで救ってくれる。」と言っても、ほとんどの人はそれを聞かずに逃げ散ってしまった。徳之丞はそれを止めることができなかった。しかし、四人が徳之丞に従い、去らずに残った。

船頭の徳之丞とこの四人、合わせて五人が異国人たちと遭遇することになったわけです。

『乙巳漂客記聞』には、彼らの目の前に異国人七人が現れたとあります。背が高く、眼の色も皮膚の色も服装も言葉も違う異国人たちに彼らは驚愕しました。徳之丞は、一同を連ねて拝ませ、助命を願っています。

また、異国人が指を折って、「五人だけか」と聞いたので、徳之丞は指を十一折り、ほかの六人は分散して島の中にいると伝えた、とあります。

> 異国船の船長は、異国人たちに諸道具を本船（異国船）に運ぶように命じ、それが終わると徳之丞の袂を引き、本船に誘う様子だった。
>
> 徳之丞は四人に命じて大声で呼ばせた。すると先ほど逃げた者たちが集まり、十一人になり、異国船に午後四時頃に乗り込んだ。

『幸宝丸漂流一件聞書』の方にも、日本人が持っていた道具や食料、米なども残らず運んでくれて伝馬船に乗せたとあり、異国船に乗り込んだのは夜八時頃だった、とあります。いずれにせよ、二月八日の夜のうちには、幸宝丸の漂流民十一人全員が異国船に救助されました。彼らは、どれだけほっとしたことでしょう。さらに、船の上で早速受けたもてなしを、『相州浦賀江入津、異国船荒増』から見てみましょう。

「かねへん」に「名」で「銘」。〳〵は漢字を繰り返すことを示す踊り字の「々」ですので「銘々（めいめい）」。

は「水」。はかなりくずれていますが「壱」で「壱椀（ひとわん）」。

「為レ呑（のませ）」です。「為レ寄（よせ）」（七二頁）「為レ登（のぼせ）」（九〇頁）と同じパターンですね。

「菓子を出し（かしをだし）」。私たちが思うお菓子というよりは、パンのようなものでしょうか。「うまへん」に「也」で「馳走（ちそう）」。

救助された日本人ひとりひとりに、貴重な水を一杯ずつ呑ませてくれて、菓子も出してくれ、ご馳走してくれた、ということですね。

『幸宝丸漂流一件聞書』には、船の屋形の下を異国人が片付けてくれて、そこを日本人の住む所にしてくれたので皆で悦んだ、とあります。異国人を恐れ、警戒していた気持ちが次第に安心に変わり、心身ともにほっとしている様子がうかがえます。

その夜、彼らを乗せた異国船は、鳥島を出帆します。一月十三日から二月八日までの鳥島での生活でした。そして、翌九日には、また新たな出会いがありました。

その出会い、そして異国船上での暮らしについては次章以降に譲ることにして、まず『相州浦賀江入津、異国船荒増』に描かれた左頁の絵を見てください。なかなか面白い絵ですね。かなり広い海域です。いくつかの島が、それぞれの特徴をつかんで描かれています。

上の方に「ヲカサシマ」（鳥島）があり、やはり点点の鳥が飛んでいます。この方向が太平洋の沖の方になります。それに対して、下の方の「八丈嶋（はちじょうじま）」が、江戸に近い方です。

ほかには何が描かれているでしょうか。八丈嶋に近い所に「青嶌（あおがしま）」があり、虫食いで字が見えなくなっていますが、この島が「八丈支配（はちじょうしはい）」だと書かれているようです。

「水カフリシマ」は、波が来るたびに水をかぶり、見え隠れしている島でしょうか。救助してくれた「異国船」も描かれています。

「無名シマ」は、名前のついていない島、あるいは名前を知らない島ということでしょうね。その島の左横にある帆に、注目しておいてください。

『相州浦賀江入津、異国船荒増』に描かれた島々

# 第四章　救助された南部船

# 第一節　波間に沈みかけた船

救助された翌日の弘化二（一八四五）年二月九日のことです。「早朝、小さい島を見かけ、その二〜三里（十キロ程）先に日本の船らしい姿が見えた。」と、『幸宝丸漂流一件聞書』にあります。一二三頁の絵の、小さい帆船ですね。

近づくと日本船に間違いなく、すでに浸水が激しく乗組員の命が危うくなっていました。「助けてくれ、助けてくれ。」と言うばかりで、今にも沈みそうな様子。しかし、異国人にその日本語は通じません。先に助けてもらっていた阿波の一同はどうしたでしょうか。

「唐人江願入（とうじんえ、ねがいいれ）」。沈みそうな船の乗組員に代わって、彼らが異国人たちに頼んだのですね。「何卒（なにとぞ）」。「日本船之水主（にほんせんのかこ）」。は「度」で「たく、たし、たび」などと読みます。ここでは「助度候ニ付（たすけたくそうろうにつき）」。

次のですが、は「是」は「悲」で「是悲」です。これで「ぜひ」と読んでしまいます。私たちが書く「是非」も古文書に出てくるのですが、このように「こころ」がある「悲」を使った「是悲」も多いです。

その逆に、「御慈悲（ごじひ）」は「御慈非」とも書かれます。

非と悲だけではありません。大と太、小と少、掛と懸、義と儀、惣と総、跡と後、束と速のように、音（オン）が同じだったり、意味も近いような字は、太切（大切）、跡々（後々）、約速（約束）など、区別なく使われています。

「わあ、こんな書き方をしている」と、びっくりすることもあり、それが古文書を読んでいく上での面白さだったり、意外さだったり、奥深さだったりします。

の次のは、ここでは二文字分の繰り返しです。で「是

悲く（ぜひぜひ）」となります。

は「助呉られ候様ニと（たすけくれられ、そうろうようにと）」と書かれています。

が「呉」。「何々して呉れるように」の「呉」です。は「ら（良）」が「れ（連）」です。は「様」ですが、「清水観音様」（七〇頁）の様とは、少し違うくずしですね。様には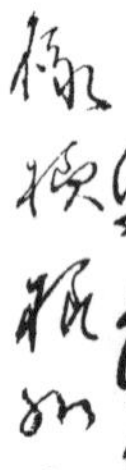など、いろいろなくずしが見られますので、出てくるたびに少しずつ慣れていってください。は「与」が書かれていて、「と」と読みます。

は「頼入候（たのみいりそうろう）」。同じ日本人である海の仲間たちの救助を、必死に頼んでいる様子が伝わってきます。その熱意が通じ、異国人たちは承知してくれました。遭難船に近寄り、橋船を降ろして乗り込みます。

その時に阿波側からも、ひとり乗り込みました。「阿波、由蔵」ですから、五〇頁にあった三十二才の由蔵ですね。彼が大活躍することになります。

橋船は、やっとのことで遭難船に乗り付けました。一五頁でもお話しましたが、この船は南部の釜石を出た船です。一三二頁に、釜石湊の絵図を載せました。

遠くに見える青ヶ島と、南部船　(『撫養天野屋舩南部舩外舩ニ被助聞書』東京海洋大学附属図書館越中島分館所蔵)

ヨカサジマ
唐船

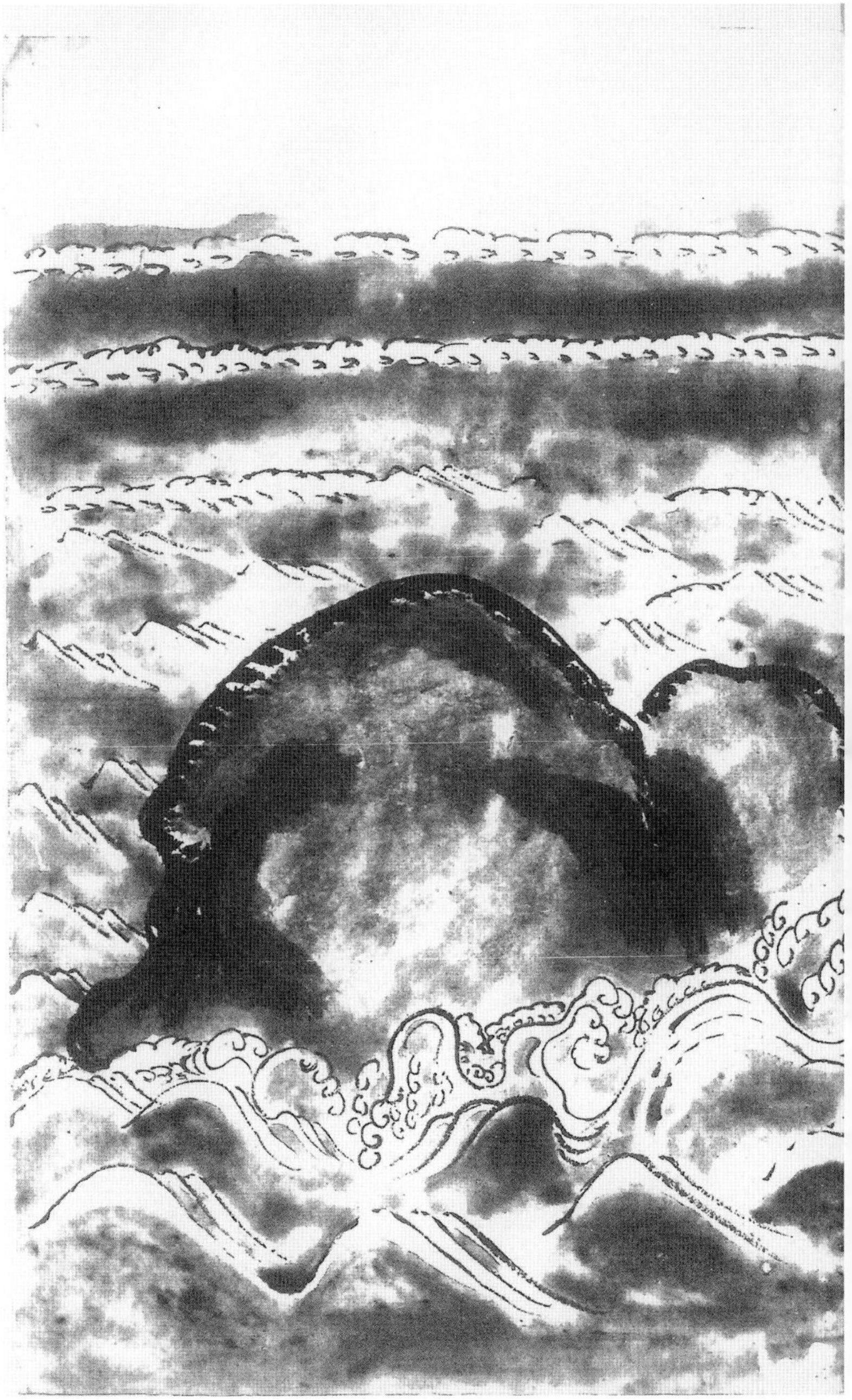

荒海を漂う南部千寿丸　（『幸宝丸漂流一件聞書』国立国会図書館所蔵）

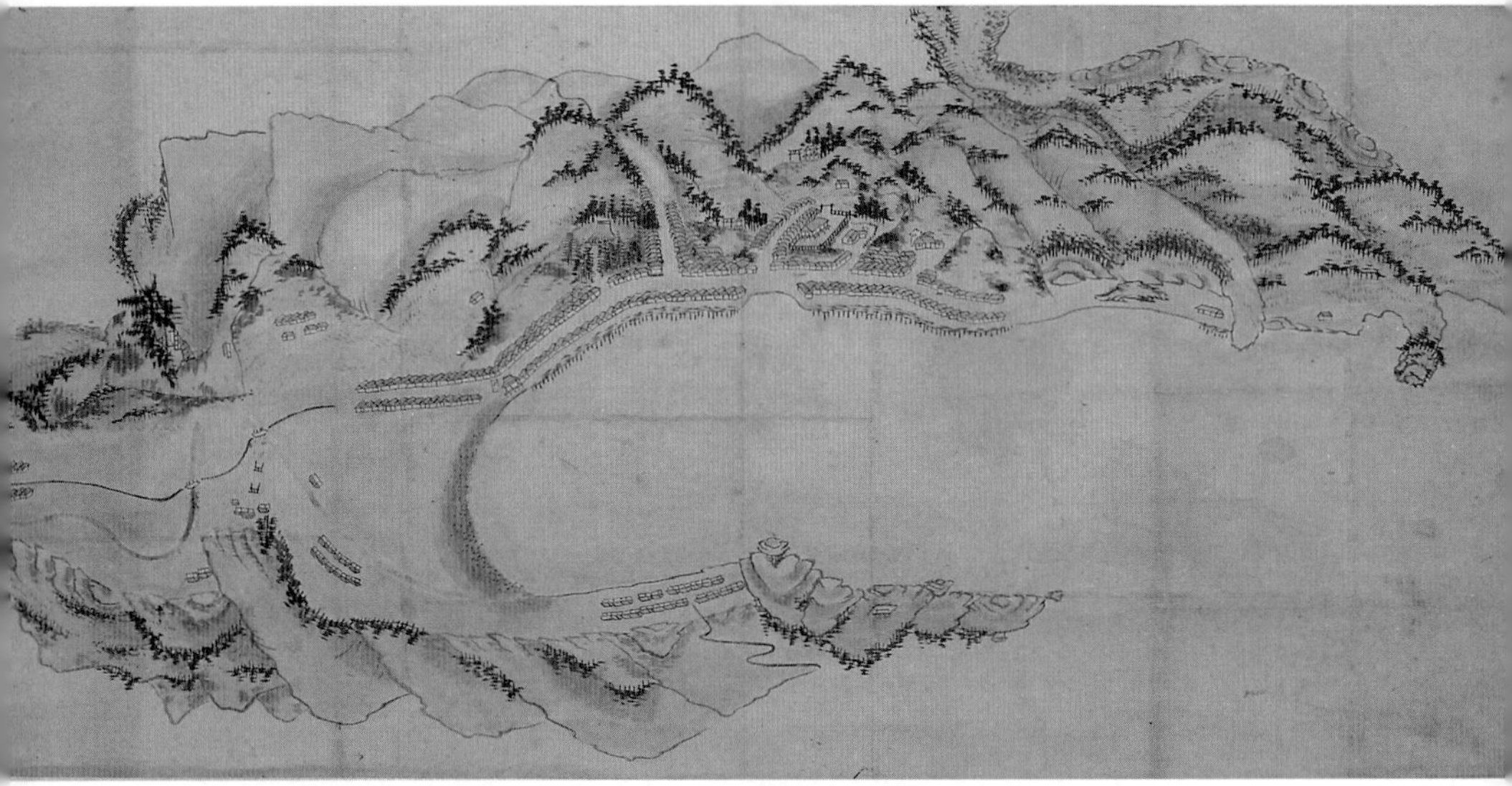

釜石湊絵図　（幕末頃、釜石市有形文化財、釜石市郷土資料館所蔵）

阿波の由蔵は、南部船の人たちに次のように言いました。

こちらには飯米がないので、もし積荷の中に米があったら、異国船に積み入れるように。「日本の言葉」は通じないので身振り手振りで気持ちを伝え、手を合わせて拝んだら異国人はきっと助けてくれる。

江戸時代は、書き言葉の作法は全国ほぼ共通でした。しかし話し言葉はそれぞれのお国言葉ですから、普段なら阿波の人と南部の人が、そう簡単に細部まで理解し合えたかどうかわかりません。しかし、緊急事態のこの時、助けようとする由蔵の言葉を、助かりたい南部の人たちは、瞬時に理解したのでしょう。

南部の人たちが、ひとり残らず手を合わせて拝んだ、とあります。

それが異国人たちに通じ、まず南部船から五人を橋船に乗せて、異国船に乗り移らせました。さらにもう一度、その橋船で六人乗せて移しました。これで全員を無事に救出できたということですから、南部船も阿波船と同じ十一人乗りだったのですね。

「都合両度ニ助為レ乗（つごう、りょうどに、たすけのらせ）」、合計二度にわたって助けて乗せた、と書かれてあります。

また、飯米など南部船にあった品々も積み移しました。

## 第二節　千寿丸の漂流と救助

救助された南部船に関する情報を集めてみましょう。まず『相州浦賀江入津、異国船荒増』からです。

「南部（なんぶ）」の下のは「左」です。「左」は「左ニ記候事」（一七頁）でも見ましたが、このようなくずし方もあります。で「左野（さの）」と書かれています。

『幸宝丸漂流一件聞書』の方では、これを「南部佐野」と「にんべん」

がある「佐」で書いてあります。は「寿」で「千寿丸（せんじゅまる）」。これが、船名なのですね。「当時」。「下総州銚子（しもうさしゅう、ちょうし）」現在の千葉県銚子市になります。「幸次郎船（こうじろうぶね）」。「都合（つごう）」（合計）「十一人乗」は、救助された時の話と合います。

千寿丸のことを、「銚子幸次郎船」と言っています。『幸宝丸漂流一件聞書』には「銚子幸次郎船」と書かれています。

私たちが基本にしている『相州浦賀江入津、異国船荒増』『幸宝丸漂流一件聞書』の両文書とも、「南部船」と書くと同時に「銚子」の船だとも言っているようです。もっとはっきり、「銚子船」と書かれた文書もいくつかあります。

一三七頁の絵を見てください。これは、東京大学史料編纂所所蔵の『弘化二年亜米利加船渡来絵巻』の中にある絵です。一二三頁と同じような構図で描かれた、広い海域ですね。

ここには、「南部船」ではなく「銚子船」と書き込まれています。この文書だけでなく『弘化雑記』をはじめ複数の文書で「銚子船」と書かれています。さらに、幸次

郎でも幸治郎でもなく、「下総国銚子湊幸太郎船」と書かれているのです。

『乙巳漂客記聞』には、「陸奥州南部の釜石港、佐野与兵衛の蔵船なり」とあります。船の所有者で言うと「南部船」、チャーターした廻船問屋で言うと「銚子船」、ということだと思われます。乗組員のほとんどは、南部の宮古村（現在の岩手県宮古市）の出身です。

また、「幸次郎・幸治郎・幸太郎」の名前だけでなく、船頭をはじめとする十一人の人名や年齢、釜石を出てからの漂流の状況などの記載に、文書によって差異があるのは、阿波船の時と同様です。

『乙巳漂客記聞』の南部船に関する内容は、松兵衛という人から聞き取ったものだというのは、前にお話した通りです（一一九頁）。この松兵衛は、奥州南部の娼家の主人だということです。松兵衛は、江戸に行こうとして、たまたま千寿丸に乗り合わせ、漂流してしまいました。

彼の言によると、千寿丸が釜石を出帆したのは、弘化二（一八四五）年の正月十一日とのことです。その後、十三日には金華山（一四〇・一四一頁の地図参照）に着き、神に詣で護摩を焚き、海上の平安を祈った、とあります。

**銚子船と書かれた千寿丸（『弘化二年亜米利加船渡来絵巻』東京大学史料編纂所所蔵）**

ところが、十八日から風が極めて強くなり、二十日には次の湊に入ることができませんでした。風雨ともにますます激しくなり、何百里も流されたとあります。積荷を捨てても浸水が激しく船はあちこち破損。二十九日には帆柱を切っています。阿波船と同様の漂流の様子です。

松兵衛は、ほかの水主と違ってもともと商人であるため、船が揺れるのに耐えられず、めまいと嘔吐に襲われて五日間絶食した、と書かれてあります。

二月五日になって東風に変わったので、仮柱を立てて陸地を目指します。八日の夜には、一同の中の富吉が、白衣の異人に救助される夢を見た、とあります。

そして翌九日に救助されたわけですが、山と見間違えるような大きな船が、近づくにつれて異国船だとわかり、阿波船の時と同じように、恐れ慄いて度を失ったとあります。しかし、千里鏡で見て、日本人が船上で招いてくれているのに気づき、こちらも大声で叫んで救いを求めた、とのこと。先に助けてもらった日本人が乗船していたのは、阿波船とは大きく違う点でした。

十日には、阿波船・南部船の人々は、それぞれの艱難辛苦の事情を語り、お互いが助かったことを悦び合い、この異国船上での奇遇に感動しました。

異国人たちは、彼らにどう接したのでしょうか。引き続き『乙巳漂客記聞』の記載から見てみましょう。

地球全図および各国の地図を見せられたが、それは五彩鮮明で驚くほど詳細だった。船長が、そのひとつひとつを指で示して、それらを説明してくれているようだった。また、その中のひとつの国を指して、徳之丞の手を引いて話し続けるので、それを見ると日本だとわかった。

異国人が話す言葉は、もちろんわからないのですが、聞いているうちに、何と言っているのかだんだん聞こえてきたようです。

江戸をジャパンと言い、大坂をサカと言い、南部をナンブ、四国をシコ、長崎をナガ、仙台をセダイ、淡路をアハチ、能登をノト、佐渡をサド、と言っている。

徳之丞が異国人の地名を問うと、マリケと答えた（一七〇頁参照）。

初めて出会って言葉が通じない人たちが、地図を前にしてそれぞれの国や地方を指さしながら、何とかお互いを理解しようとしている姿が目に浮かびます。このようにしながら、少しずつ心を通わせていったのでしょう。

船上での異国人たちの言葉については、一七二頁から一七五頁でご紹介します。

南部釜石
金華山
浦賀
八丈島
青ヶ島
鳥島

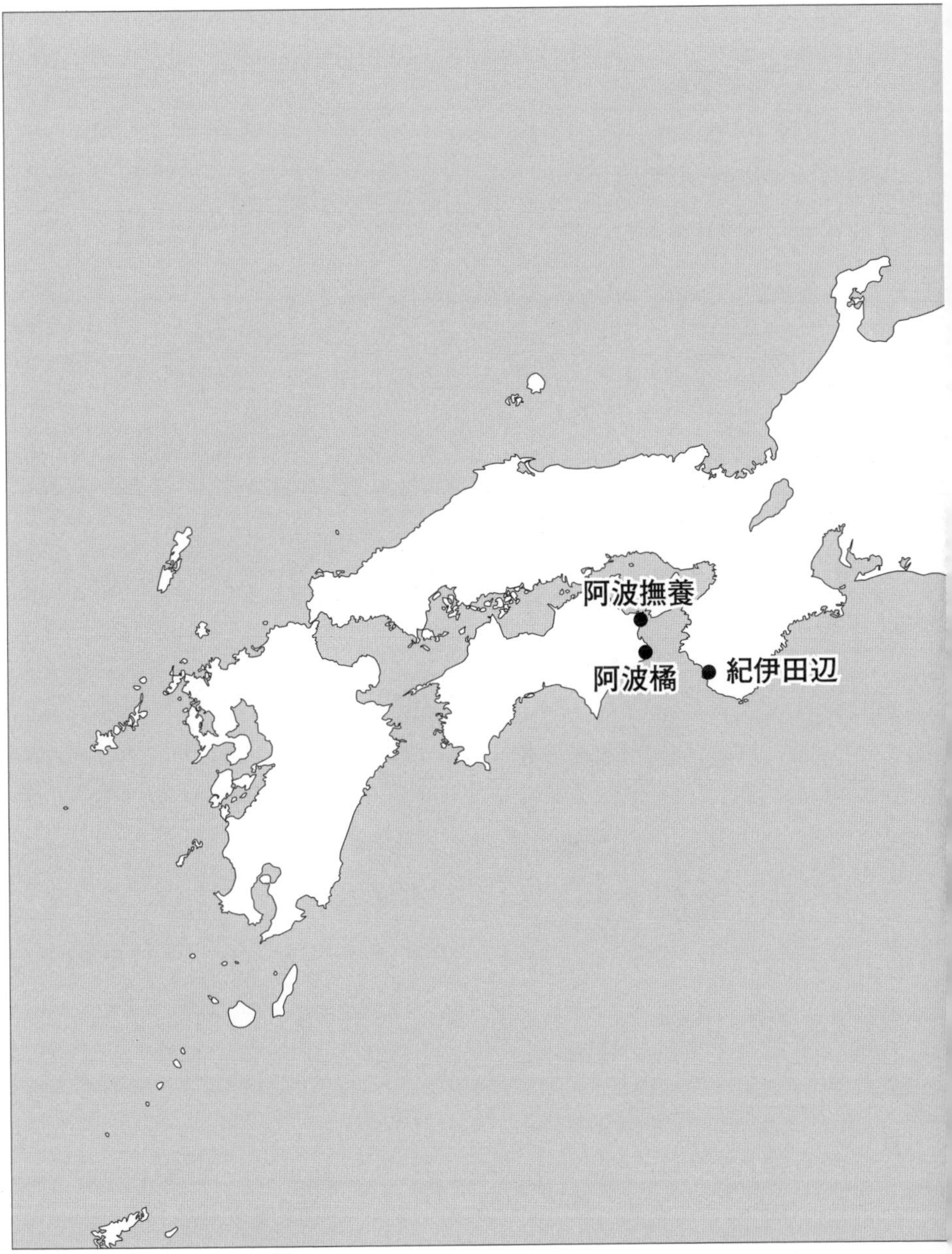


阿波船と南部船の漂流関連地図

# 第五章　異国船上での生活

## 第一節　異国船の正体

阿波船と南部船の乗組員、合計二十二人の日本人を助けてくれた異国船。この異国船は、どんな船だったのでしょうか。何のためにどこの港を出て、どのような航路をたどって鳥島近海に現れたのでしょうか。

船名・船籍・船の大きさはもちろんのこと、何を積んでいたのか、船長をはじめとしてどんな乗組員がいたのか、なども知りたいところですが、例のとおり文書ごとに書かれている内容が異なっています。船名ひとつをとっても、文書によって書かれ方が違うのです。情報の伝達という意味では、それぞれに興味深いですが、混乱の様子がわかります。

この異国船については、幸いなことにアメリカ側の資料から正確なことがわかりますので、まずそこからご紹介することにします。

巻末の参考文献の中の、平尾信子著『黒船前夜の出会い――捕鯨船長クーパーの来航』、キャサリン・プラマー著・酒井正子訳『最初にアメリカを見た日本人』、佐渡谷紀代子「弘化2年マンハッタン号浦賀湊入津――日米交流と通詞森山栄之助への影響」などは、アメリカ側の資料を駆使した書物や論文です。私も参考にさせていただきましたし、読むことをお勧めする良書です。

さて、この船は、マンハッタン号というアメリカの捕鯨船でした。

日本人を助けてくれた船長の名前は、マーケーター・クーパー。ニューヨーク州のロングアイランド島にあるサウスハンプトンの出身で、四十歳でした。クーパー船長の八代前の当主が、イギリスから海を渡ってアメリカ大陸のリン（ボストンの北隣）に入植し、その五年後の一六四〇年に、サウスハンプトンに移りました。サウスハンプトンは、アメリカで最も早く組織的な捕鯨を始めた町とされ、一六五〇年頃には、農閑期に沿岸捕鯨が行われていました。クーパー家でも、次の二代目当主から熱心に捕鯨に励んでいます。

当時の欧米は、鯨油を採ることを目的に捕鯨していました。照明用のランプや蠟燭、機械の潤滑油などとして鯨油は重要でした。沿岸で捕っていたセミクジラよりも高級な油が採れるマッコウクジラを目指して、捕鯨船は外洋に乗り出していくようになりました。さらに、十八世紀後半に船の上に製油かまどを備えつけるようになってからは、捕鯨船は長い航海を続けられるようになりました。

たくさん捕れていた北大西洋のマッコウクジラが少なくなってしまってからは、北太平洋の日本近海が生息海域として注目されるようになりました。一八四〇年から五〇年代頃、つまり私たちが本書で取り扱っている頃は、北太平洋での捕鯨業の最盛期でした。鯨油に代わって石油が使われるようになる十九世紀の後半まで、マッコウ油を採ることを目的にした欧米の捕鯨が盛んだったのです。

鯨を捕ると、捕鯨船は甲板上の製油かまどで鯨油を精製しました。数頭の鯨を捕っただけでは帰国しません。食料などの必需品を途中の寄港地で求めながら、鯨を探して二、三年の航海を続け、船倉を鯨油でいっぱいにしてから故郷に帰ったのでした。

マンハッタン号が故郷のサウスハンプトンの港を出て、アフリカ南端をまわり、インド洋を航行して太平洋に達したのは、幸宝丸の一同を助ける前年の夏のことでした。夏の間、千島列島沖まで北上して十八頭のクジラを捕獲し、秋になるとハワイのホノルルに寄港して、船の修理をしたり、必要な食料や資材を買い、クリスマスを過ごしました。

そして、ふたたび北太平洋で捕鯨するためにホノルルを出港し、捕鯨シーズンに備えて小笠原諸島に一か月ほど滞在しました。故郷の町を出てから、すでに一年五か月が過ぎていました。小笠原諸島は、欧米人にボーニン諸島と呼ばれていて、各国の捕鯨船が水や食料を求めて頻繁に出入りする寄港地でした。

小笠原諸島をあとにしてから四日後、セントピーター島と呼ばれていた鳥島が見えてきました。クーパー船長は、この無人島にウミガメがいるかもしれないと考え、上陸しようとします。小笠原で食料を補給したばかりでしたが、機会があればいつも新鮮で目新しい食料を手に入れようとしていました。ウミガメを探すために、マンハッタン号から二艘のボートが降ろされました。そして、上陸した鳥島で発見されたのが、阿波幸宝丸の漂流民たちだったわけです。

クーパー船長たちが立ち寄らなければ、前にお話したように（九七頁から九九頁）あと何か月も、あるいは何年も鳥島にいなければならない可能性もあったのですから、本当に幸運なことでした。さらに翌朝には、海上で沈みそうになっていた南部千寿丸も助けてもらったのですから、重ねての奇跡とも言うべき幸せな出会いでした。

のちに、クーパー船長は、マウイ島在住の友人ウインズロウ博士にこの航海の話をし、その聞き書きが一八四六年二月十二日付けの船員向け英字新聞『ホノルル・フレンド』紙に掲載されました。

そこには、塩サケの荷を積んで日本の北の果ての湊から江戸を目指してきた千寿丸が、何週間か前に難破し装備をもぎ取られて洋上を漂っていて、今にも沈みそうな状態だったのであり、もし自分たちのマンハッタン号に出会っていなければ、その翌日に襲った嵐で沈んでしまったに違いない、と書かれています。
助けてもらった日本人たちは、異国船の巨大さに驚き恐れたのですが、その大きさはどのくらいだったのでしょうか。『幸宝丸漂流一件聞書』の記載を見てみましょう。

船長サ　拾九間五尺五寸

船長サ　拾九間五尺五寸（約三六・二五メートル）

横巾　四間四尺

横巾　四間四尺（約八・四九メートル）

深サ　三丈

深サ　　三丈（約九・〇九メートル）

櫓　三本　長サ拾四丈三尺（約四三・三三メートル）

帆　拾三巻　国へ返り之節弐拾八巻

楫　壱本　橋船　六艘

くずし字にだいぶ慣れていらして、「読める」という実感がつかめてきたのではないでしょうか。

ここでは、数字、助数詞、単位などが重要ですね。

長さの単位である「間（けん）」「尺（しゃく）」「寸（すん）」「丈（じょう）」。

助数詞の「本」「巻」「艘」。

数字は「壱」「弐」「三」「四」「五」「六」「八」「九」「拾」と、「七」以外はすべて出てきてくれています。

カッコ内の数字は、一間を一・八二メートル、一尺を三〇・三センチメートル、一寸を三・〇三センチメートル、一丈（十尺）を三・〇三メートルとして計算したものです。

一本の檣に一枚の帆を張った和船から見ると、三本の檣に十三帆、最大二十八枚の帆を張れる異国船は、大きな城か館のように見えたでしょう。檣の高さは、幸宝丸や千寿丸の約一・五倍あります。

もっとも、和船も弥帆（やほ）や中帆（なかほ）を張ることもありますが、本帆（ほんほ）よりかなり小さいそれらにはあまり推進力はありません。和船の航海の主体はあくまでも一本の檣と大きな本帆でした。それが、外見上、和船と西洋型帆船を区別する大きな特徴にもなっていました。

トン数で言うと、マンハッタン号は四百四十トン。千百石積の幸宝丸や千寿丸は、百六十五トン程。大きさだけでなく、船の構造によっても積載量が大きく違います。外板や甲板を張った異国船に、日本の水主たちは大きな威圧感を感じたことでしょう。外洋を航海するには、西洋型帆船が優れているのは言うまでもありません。荒れる海をものともせず、自分たちが「黒瀬川」と呼んで警戒していた強い黒潮の流れを乗り越えていく捕鯨船の力強さに、日本人たちは感嘆したようです。

しかし、和船の構造や技術も、とても工夫されたものでした。

和船、特に江戸時代の海運の主流であった弁才船の造船技術、その構造、帆走性能、航海術などは実に興味深いです。大きな本帆は、追風で最高性能を発揮します。しかも、追風でしか走れないということはなく、もちろん横風での帆走も行っていましたし、逆風の時の間切り（まぎり）帆走（ジグザグのコースをとって風上に進む帆走法）も工夫されていました。

二三一頁の「**D、和船について知りたい**」に挙げた参考文献などを、是非手に取ってみてください。〝海からの江戸時代〟をいろいろな角度から考えることができます。

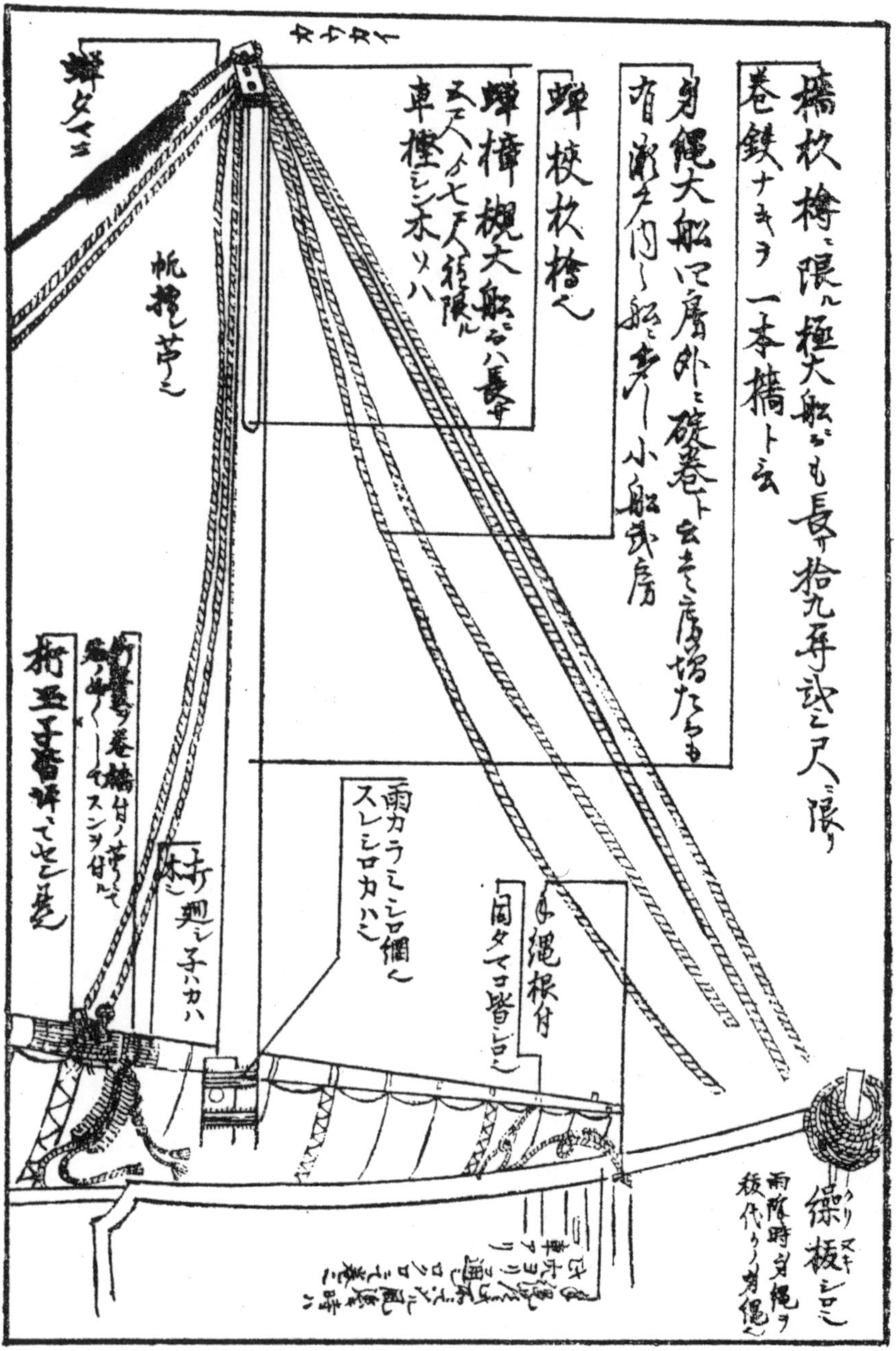

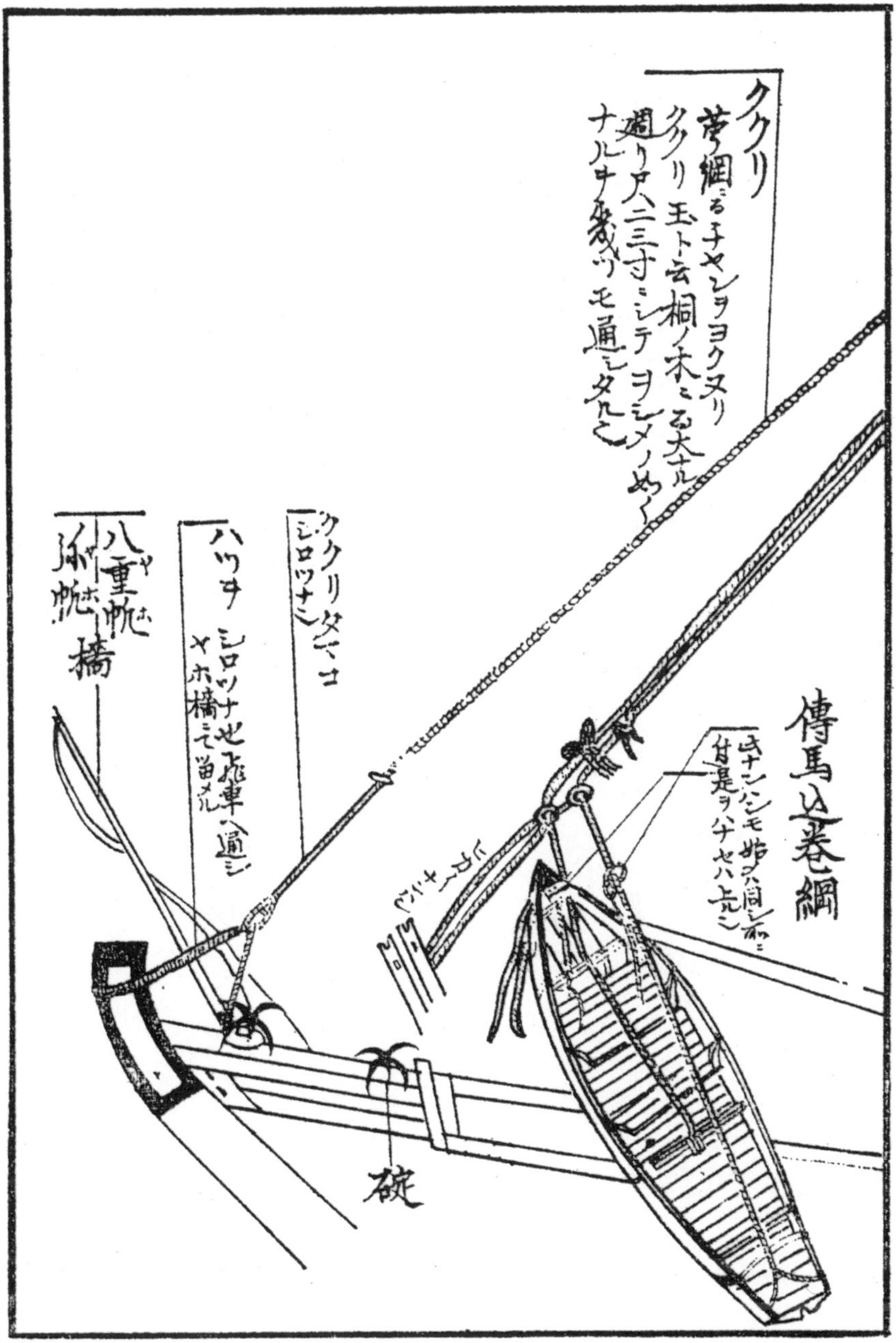


和船の構造（「今西氏家舶縄墨私記坤」『日本庶民生活史料集成』第10巻より）

## 第二節　異国人の姿と言葉

マンハッタン号には、クーパー船長をはじめとして二十八人が乗っていました。日本人水主たちの目に、初めて会う異国人はどのように映ったでしょうか。絵とくずし字の両方から見てみましょう。

まず、『相州浦賀江入津、異国船荒増』からです。同文書には、「はじめに」（二・三頁）でご紹介したように、「赤面」「薄赤面」「鼠色面」の三人の興味深い絵が描かれていました。もう一度、見てみてください。本文には次のように書かれています。

「廿八人乗（にじゅうはちにんのり）」で、その「内（うち）」の「七人」は「墨人国」と書かれてあります。「墨人国」には、カナがふってあって「クロンホウ（くろんぼう）」ですから、黒人さんたちだったのですね。

さらに「此内（このうち）」ですから、七人のうち「三人」は「真クロ（まっくろ）」とあります。自分たちが知らなかった現実に驚いたからこそ、このような記載があるのでしょう。

『幸宝丸漂流一件聞書』にも、「船人弐拾壱人、外ニ黒人七人、〆弐拾八人」とあります。

日本人たちは、最初は白人以上に黒人を恐れこわがったようです。しかし、船上生活をともにしながら、しかもその期間が一か月にもおよんでいくうちに、むしろ黒人たちに、より親しみを抱くようになっていきました。

いろいろな文書に描かれている人物画（一五六頁〜一六六頁）を、ご紹介しましょう。

クーパー船長をはじめとして黒人の船乗りや白人の船乗り、そのそれぞれが写実的に、あるいは多少ユーモラスに、素朴な味わいで生き生きと描かれています。

クーパー船長　（部分。『弘化改元詔書及弘化二年異国船渡来一件』東京都立中央図書館近藤海事文庫所蔵。157 頁とも）

黒人の乗組員

クーパー船長と乗組員たち
(『弘化二年亜米利加船渡来絵巻』東京大学史料編纂所所蔵)

クーパー船長が飲食している様子　（『撫養天野屋舩南部舩外舩ニ被助聞書』東京海洋大学附属図書館越中島分館所蔵。以下、161 頁まで同じ）

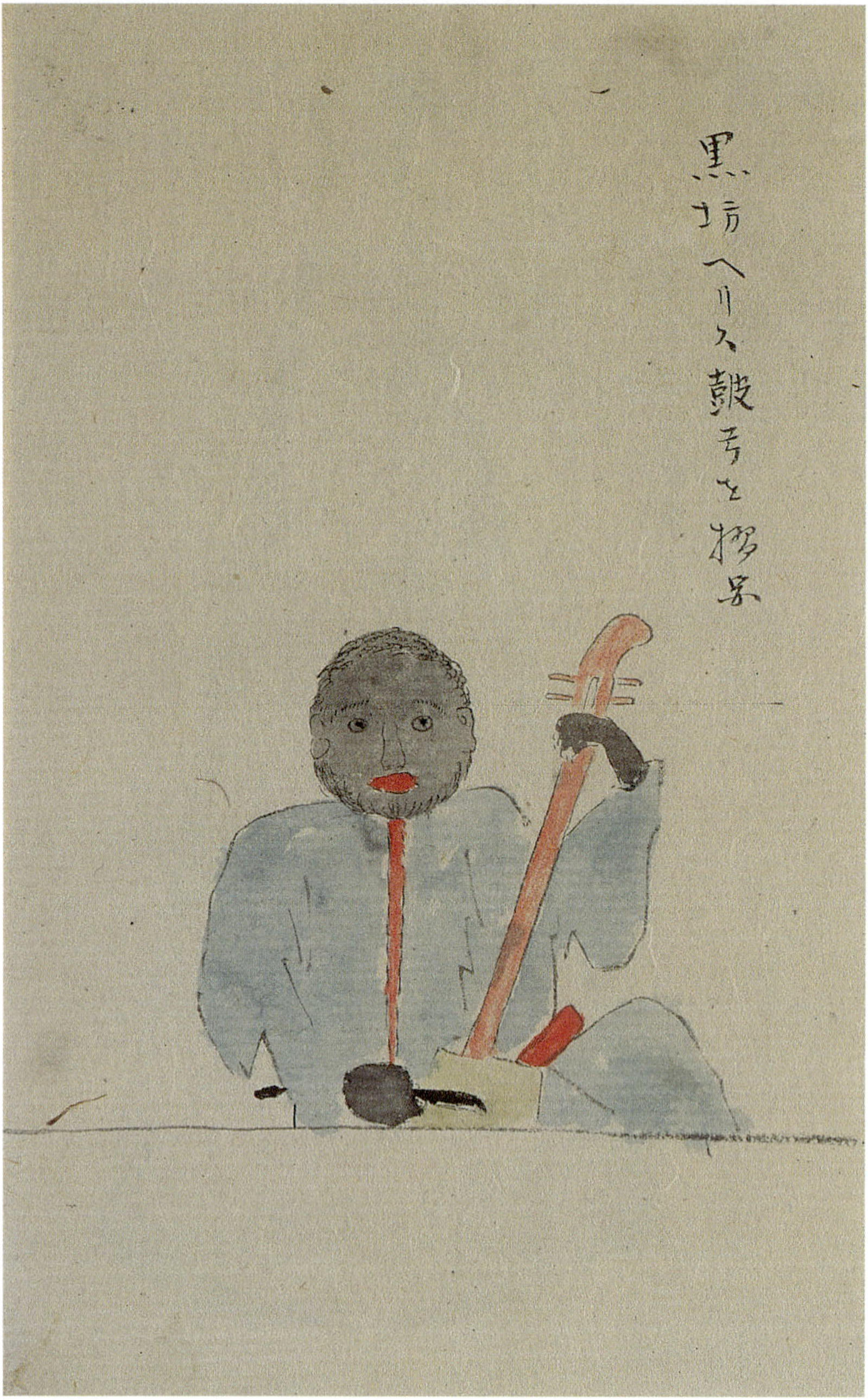

黒人のヘリスが楽器を奏でている姿

クーパー船長が本を読んでいる様子

クーパー船長　（『弘化雑記』国立公文書館内閣文庫所蔵。以下、164 頁まで同じ）

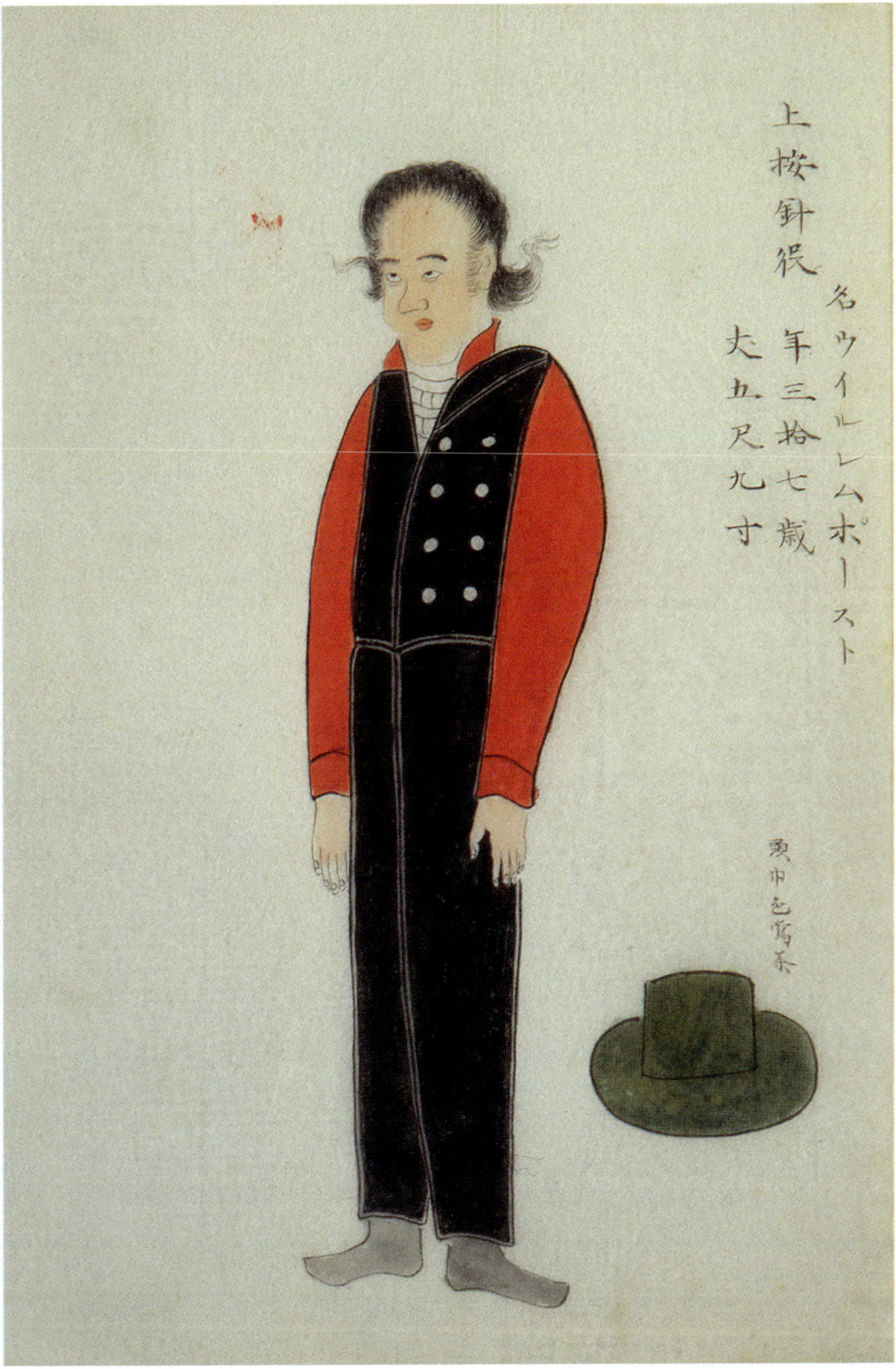


上按針役

**黒人の楫取**

黒人の楫取　（『弘化二巳年三月浦賀沖合江渡来亜米利加船并人物之図外器財之図』神戸大学海事博物館所蔵。166 頁とも）

クーパー船長

どうでしたか。それぞれが魅力的な絵でしたね。

一五六・一五七頁の船長と黒人の絵は、私たちに何かを語りかけてくるような躍動感があります。

船主コウフル　「船主コウフル」（クーパー船長）をはじめとして、遠眼鏡を覗いたり、帽子を掲げている乗組員たちを描いた絵（一五八頁）も、雰囲気がわかります。

船主酒盛の圖「船主酒盛の図」カピタ学問之圖「カピタ学問之図」（一五九頁・一六一頁）は、クーパー船長は、マンハッタン号の中で、きっとこのように飲食をしたり、本を読んでいたのだろうな、と思わせる姿です。カピタは、カピタン（キャプテン、captain）のことでしょうね。耳で聞こえた通りにカタカナで書いたことが伝わってきます。

黒坊ヘリス鼓弓を摺図　「黒坊ヘリス鼓弓を摺図」（一六〇頁）も、何とも味のある絵です。黒人のヘリス（Harris）さんが、楽器を奏でているのですね。日本人たちが知っている東洋の鼓弓（こきゅう）に似た、西洋の何かの弦楽器だったのでしょう。きっと多くの水主たちが、そのまわりに集まったことでしょう。

実際、歌ったり踊ったりしてくれる異国人たちに対して、日本人側も伊勢音頭を披露したそうです。船上での交流が目に浮かぶようで、心が温かくなります。

一六二頁から一六六頁までの人物の服装や帽子なども、なかなか興味深いです。「浦賀に入津の節は、船主をはじめ、皆が服を改めた。」（『弘化乙巳漂民日記（弘化二年）』）とありますから、これらの姿は正装だったのでしょう。いずれの絵も〝こんな姿だったのか〟あるいは〝きっと、こんなふうに目に映ったのだろう〟と思われます。描かれたマンハッタン号の乗組員たちはもちろん、出会って観察して伝えた日本人水主たちや浦賀での関係者たち、また描き手たち、すべての心が表れている絵なのでしょう。

「別て、船主コフルは柔和にて、人品宜敷御座候」（「北亜墨利加船応接記　漂流人護送」）とあるように、特に、クーパー船長のことは、どの文書にも極めて好意的に書かれています。それは、幸宝丸・千寿丸の乗員たちだけでなく、浦賀で対応した幕府関係の人たち、通詞たちの多くが抱いた感想だったようです。

捕鯨船には、船長を頂点として、一等航海士、二等航海士などの幹部船員がいます。おそらく、一六三頁の絵に描かれた上按針役、ウイルレムポーストさんが、一等航海士なのでしょう。名人芸を求められる銛手、さらに、コック、鍛冶職人、樽職人、大工などの職人もいて、そのほかに平水夫や見習い水夫がいました。

『幸宝丸漂流一件聞書』には、異国人たちの名前が書かれてあります。

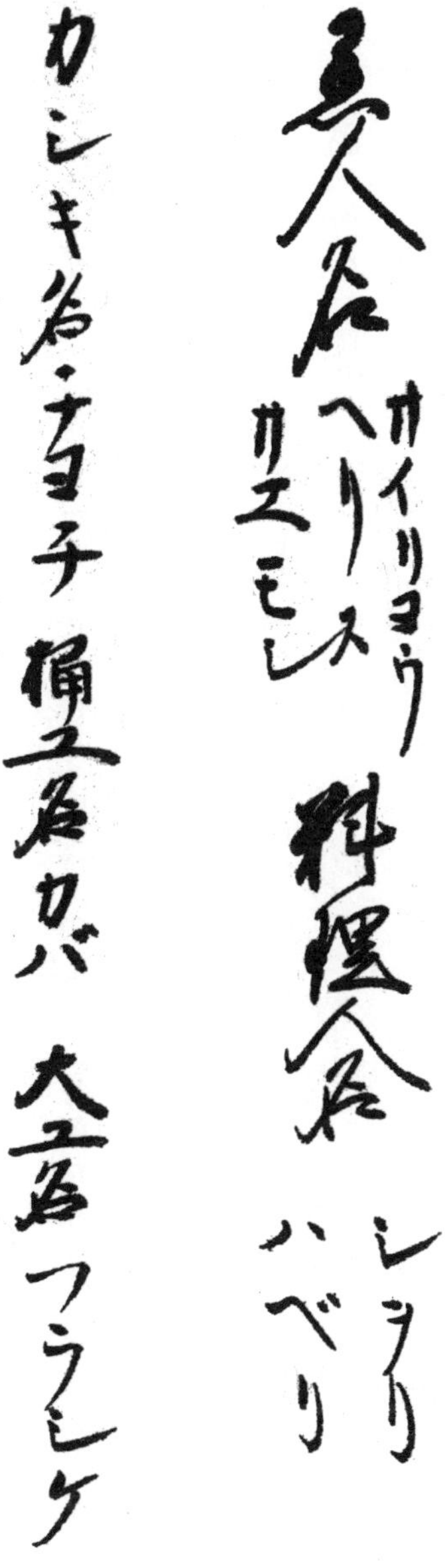

サイリヨウ　　シヲリ
黒人名　ヘリス　　料理人名
ハベリ
サヱモン
カシキ名チヨチ　桶工名カバ　大工名フランケ

これらも耳で聞こえた通りに書いたのでしょう。サヱモンはSimonでしょうが、日本人の耳には「左衛門」に聞こえたのかもしれない、などと考えると楽しいですね。

このように、漂流民たちは、珍しい異国船上でよく目や耳を働かせて観察していました。しかし、オランダやイギリスは知っていても、アメリカの存在さえ知らなかった彼らは、この船がどの国の船なのか、最後までわかりませんでした。マリケ（一三九頁）がAmerica（亜米利加）だとわかったのは、マンハッタン号に日本の通詞が乗り込んでからでした。

船上での観察を続けましょう。『相州浦賀江入津、異国船荒増』に、次のようにあります。

「時化之節ハ（しけのせつは）」、つまり、海が大荒れで鯨を捕まえるどころではない時には、異国人たちは何をしていたのでしょうか。は虫食いが入っていますが「書物（しょもつ）」と読めますので、「書物計り読居ル（しょもつばかり、よみおる）」と、書かれてあります。

これが、一六一頁の「カピタ学問之図」ですね。

時化の時に読書に専念しているクーパー船長の姿に感心したのでしょう。もっとも、幸宝丸や千寿丸では、読書どころか、淦水（あかみず）との戦いで沈まないようにするのが精いっぱいだったのですから、改めてマンハッタン号の力強さを感じていたことでしょう。

乗組員たちの服装については、次のように書かれています。

上から二つ目のと一番下のは、同じ字で「類」。「るい」あるいは「たぐい」と読みます。「頁・おおがい」が目安になりますね。

ここでは「着」に続いていますから「着類（きるい）」。は「毛織」ですので「毛織類（けおりるい）」、となります。

は部分部分を見ると「皿・あみがしら」「いとへん」「隹・ふるとり」で「羅（ら）」です。この「いとへん」の部分を、先ほどの「毛織類」の「織」の「いとへん」と比べてみましょう。同じくずし方をしています。

は「いしへん」に「少」ですから「砂」が書かれています。本来は、「いとへん」の「紗」、つまり「羅砂（紗）らしゃ」のことでしょう。

衣類は羅紗か毛織類だ、と観察していたのですね。

『相州浦賀江入津、異国船荒増』には、異国人の言葉が次のように書かれています。

日本ヲジヤドウ　日本船ヲ　米ヲ　菓子ヲ
シヤフネ　ライス　バン

米が「ライス」（rice）、菓子が「バン」（bun）のように、私たちが見てもわかりそうなものから、〝これは何かしら、どういう単語がこう聞こえたのだろう〟とわからないものまで、いろいろな文書にいくつかの言葉が書かれています。

『幸宝丸漂流一件聞書』の方には、米も糯米も「ライス」、橋船は「ボウ」（boat ボート、でしょうか）、髪の毛は「ハイル」などとあります。

さらに、次のようにあります。

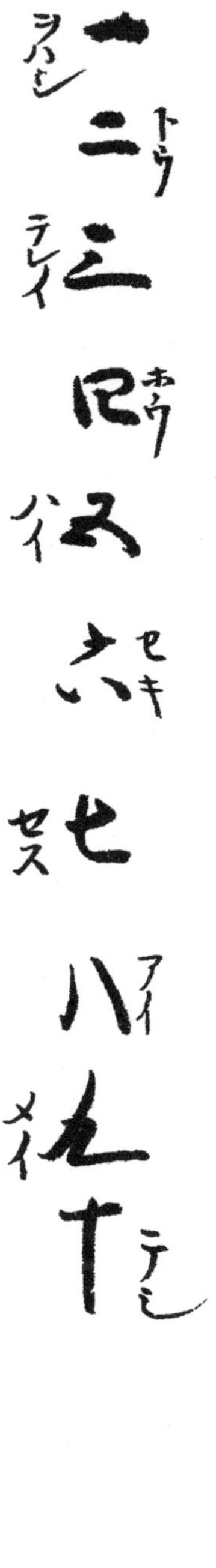

一《ヲワン》　二《トウ》　三《テレイ》　四《ホウ》　五《ハイ》　六《セキ》　七《セス》　八《アイ》　九《メイ》　十《テン》

一（one ワン）は、確かに「ヲハン（オワン）」と聞こえたのだろうと、納得できます。二（two トゥー）は「トウ」と聞こえたでしょう。五（five ファイブ）や八（eight エイト）などの語尾が聞こえなかったのも自然ですから、５「ハイ」、８「アイ」と書かれているのももっともです。九（nine ナイン）も、同様でしょう。ほかの文書では「ナイ」と書かれたものもありますが、ここでは「メイ」のようです。

そして、次のような算用数字が書かれています。

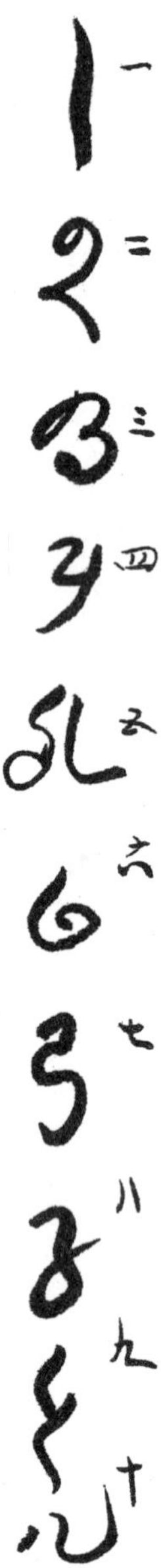

面白いですね。異国人が使っていた算用数字を、おそらく初めて見て、一生懸命に真似して書いたのでしょう。１２３４５６７８９10を書き慣れている私たちから見ると、暗号のようであり、それぞれが何かのくずし字に似ているようにも見えます。

一七五頁は、『弘化改元詔書及弘化二年異国船渡来一件』からです。

「舟ノトモニ有レ之文字（ふねのともに、これあるもじ）」ですから、異国船の艫（とも）、つまり船尾に書かれていた文字を写したものです。「此文字ニテ（このもじにて）」つまり、その上に書かれた二行の横文字に、「ネウヨルグマンハツト、（ねうよるぐ、まんはっと）」と「申事ニ有レ之（もうすことに、これあり）」ですから、〃ニューヨーク、マンハッタン〃と書かれている、ということですね。

浦賀湊に入津したマンハッタン号の船尾のアルファベットを見えたままに書き写したら、このようになったのでしょう。

舟ノトモニ有之文字ノ

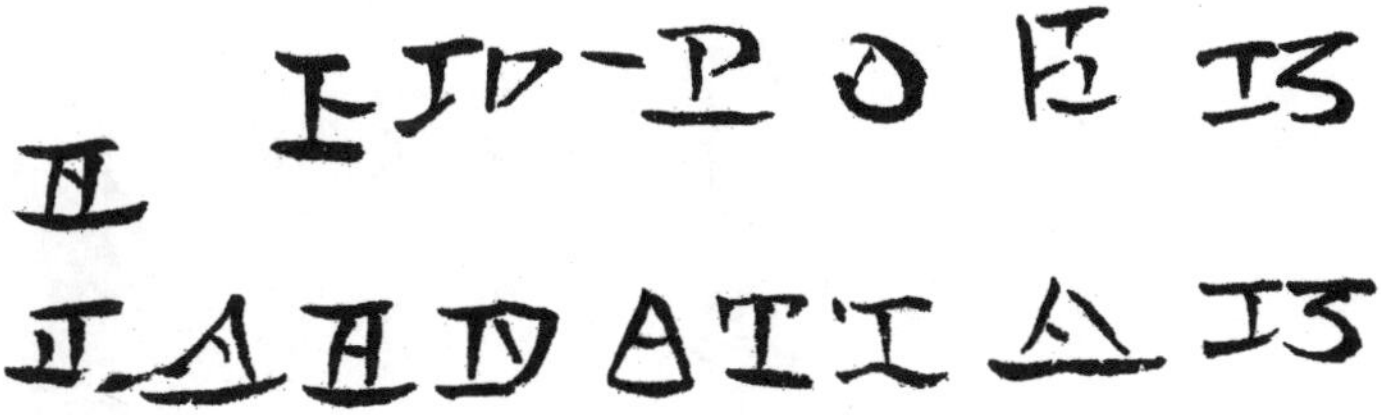

此文字ニテ
チウヨルグマンハツト
中裏ニ有之

## 第三節　異国人の食べ物と道具類

異国人たちが何を食べているかについても、日本人水主たちは興味津々のようです。自分たちと違う食生活に、新鮮な驚きがあったのでしょう。

引き続き、『相州浦賀江入津、異国船荒増』からです。

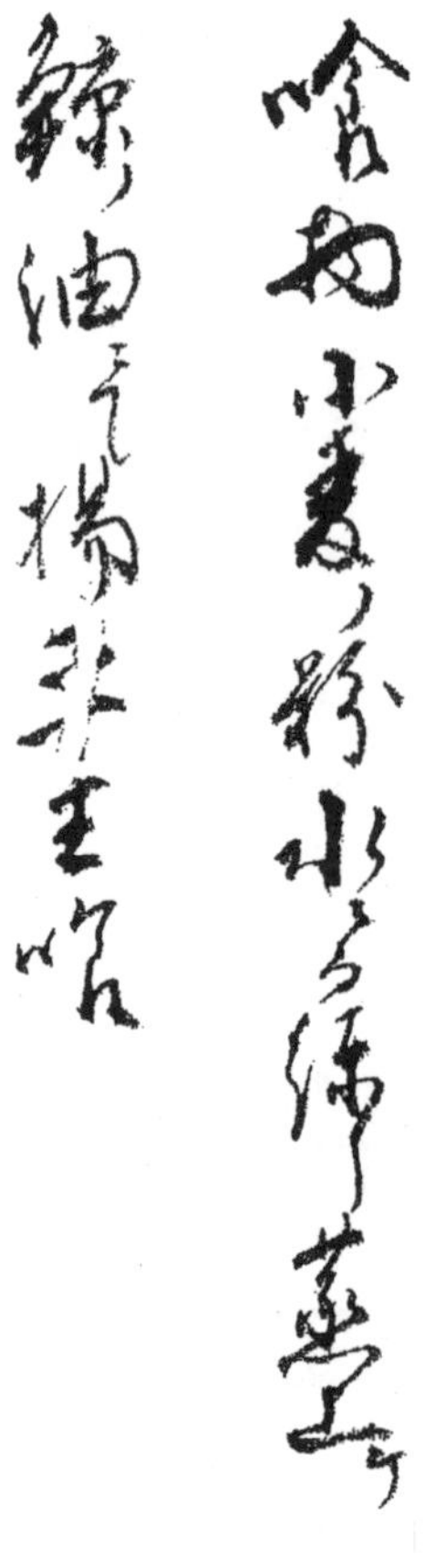

は「くちへん」がある「喰」でしたね（一〇八頁）。は「物」ですから

「喰物（くいもの）」。

「小麦ノ粉（こむぎのこな）」と書かれてあります。「こめへん」と

「分」がきれいに書かれた「粉」です。

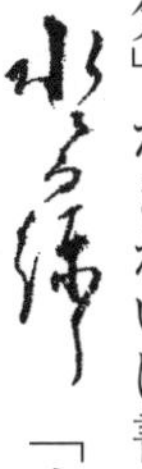「水ニ而練り（みずにて、ねり）」。

助詞を心の中で補うと読みやすくなります。〝小麦の粉（を）水にて練り〟ということですね。さらに、どうするのでしょうか。

「蒸上ケ（むしあげ）」。蒸すのですね。

そして、「鯨ノ油ニて揚（くじらのあぶらにて、あげ）」。捕鯨船ですから、鯨の油は豊富にあります。

次のは、縦に虫食いが入ってしまっていて、どこまでが一文字かもわかりづらいですが、一番下の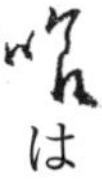は「喰」。その上のは「生」と読めますので、が一文字で「平」。「平生喰（へいぜいくう）」。普段いつも食べている、という意味ですね。

小麦粉を水で練って、それを蒸し、鯨油で揚げたものが常食、というわけです。

何年もの航海に備えて、主食の小麦をはじめとして多くの食材を乗せ、途中でも補給しながら捕鯨を続けていたのでしょう。

さらに、次のように書かれています。

「琉球芋（りゅうきゅういも）」。『幸宝丸漂流一件聞書』の方には、これが「さつまいも」と書かれていますが、『弘化雑記』の南部船太郎兵衛の話の中には「琉球芋はさつまいもと違って丸く、味も少し劣るが甘い」などと書かれています。

次はと、「唐」のつく言葉が三つ続いています。

まずは「唐もろこし（とうもろこし）」。「もろこし」の所は、ひらがな読みをしていますが、もとの漢字は何でしょうか。「毛（も）」「路（ろ）」「己（こ）」「之（し）」ですね。

は「唐からし（とうがらし）」。「加（か）」「良（ら）」「之（し）」。

そして「唐茄子（とうなす）」は、かぼちゃの系統ですね。は「ほふづき（ほおずき）」。「保（ほ）」「不（ふ）」「川（つ）」に濁点」「幾（き）」です。食用ホオズキですね。は「豕（ぶた）」で豚のこと。『幸宝丸漂流一件聞書』には「ブタ」と書かれています。は「牛」で「牛ノ塩漬（うしの、しおづけ）」。

牛肉に限らず、ほかのものも「皆、漬もの（みな、つけもの）」と、『幸宝丸漂流一件聞書』にあります。保存食品として長持ちさせるためには、塩漬けが一番だったのでしょう。

『弘化乙巳漂民日記（弘化二年）』などには、「豚は食料として船中で十三匹飼っていた。」とあります。甲板に小屋があり、豚だけでなくニワトリなども、料理に使うまで飼育されていたようです。「酒は泡盛のようで、日本の品よりも気が薄い。」「米は細長く、豆は大きくて平らである。」ともあります。

また、漂流民の中で脚に痛い所があった人が、「水薬」を入れたものを当てたところ、たちまち全快したとあり、捕鯨船上で薬による手当ても受けていたことがわかります。

異国船に積まれていた道具類には、どのようなものがあったのでしょうか。

衣類や食料同様に、自分たちのものとは違う船具や積荷が珍しかったようで、多くの絵が描かれています。写実的で精密な絵もあれば、簡略に特徴をつかんだ絵もあり、それぞれが情報を伝えてくれます。一八一頁から一八九頁までの絵を楽しんでください。

一八一頁は「天眼鏡之図（てんがんきょうのず）」で、「風雨天地変ヲ知、四五日先ヲ計ル、依テ時化タリトモ海上怪我ナシ（ふうう、てんちへんをしる、しごにちさきをはかる、よって、しけたりとも、かいじょうけがなし）」と書かれてあります。いわゆる「六分儀（ろくぶんぎ）」のようです。天体の高度や角度を測定する計器です。航海中に、太陽・月・恒星などの天体の高度を正確に測定して、大洋中の船の位置を知りました。

『弘化乙巳漂民日記（弘化二年）』『弘化雑記』などには、〝鯨の油を入れた樽は、日本の太鼓の胴のようである〟と書かれてあります。また、「鉄炮は一貫目位の筒三挺、大筒一挺」などとあり、これが一八八頁の絵にあたるのでしょう。どのような武器を持っているか、ほかに隠していないかは、浦賀に着いてからの幕府側の大きな関心事でした。

一八八頁の「猪」の絵から、食料としてマンハッタン号で飼われていた「豚」（一七九頁）は、この「野ブタ」だったのだろうと思われます。

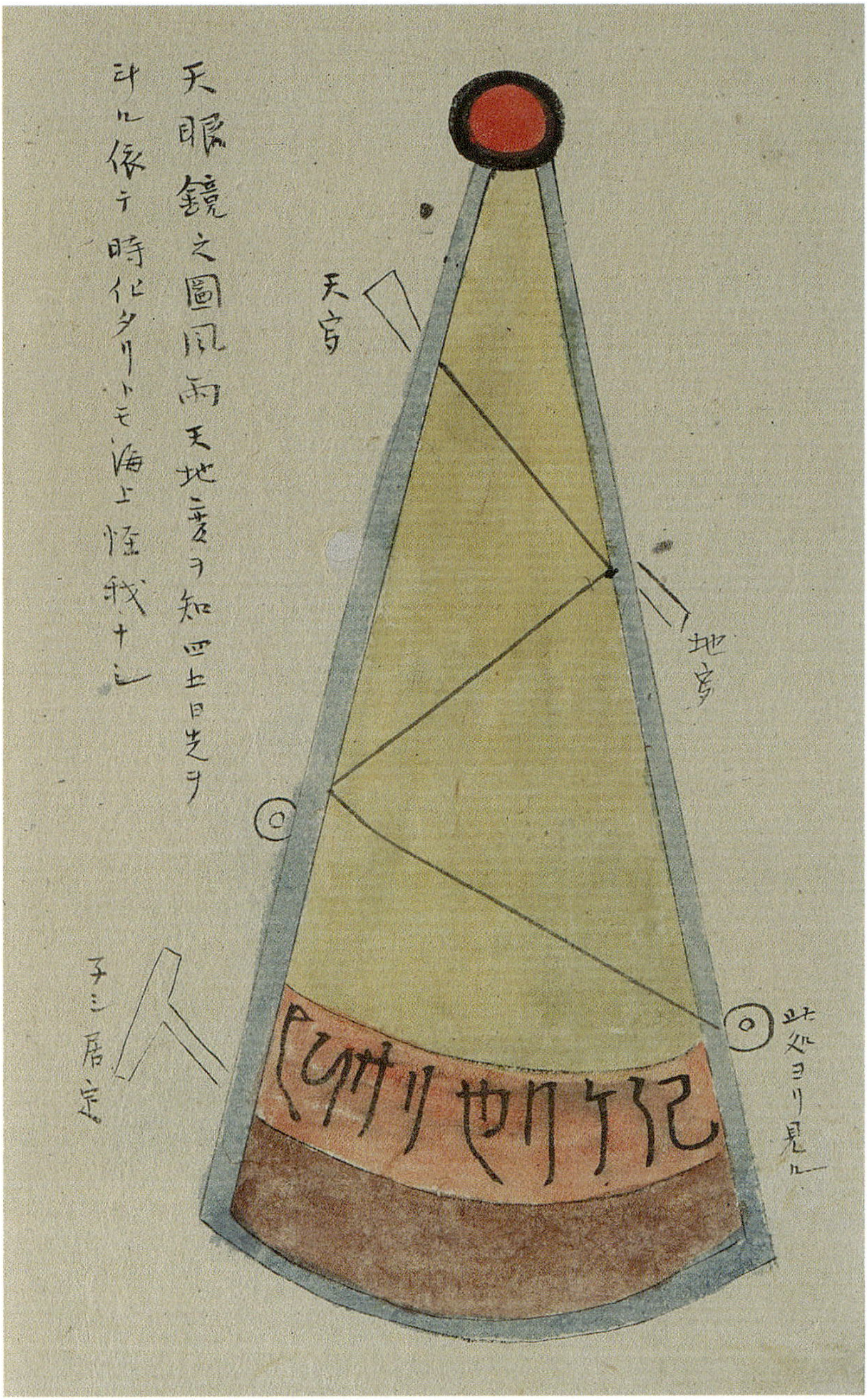
天眼鏡之圖風雨天地変ヲ知四五日先ヲ
計ル依テ時化タリトモ海上怪我ナシ
天方
地方
此処ヨリ見ル

天眼鏡　（『撫養天野屋船南部船外船ニ被助聞書』東京海洋大学附属図書館越中島分館所蔵。以下、187 頁まで同じ）

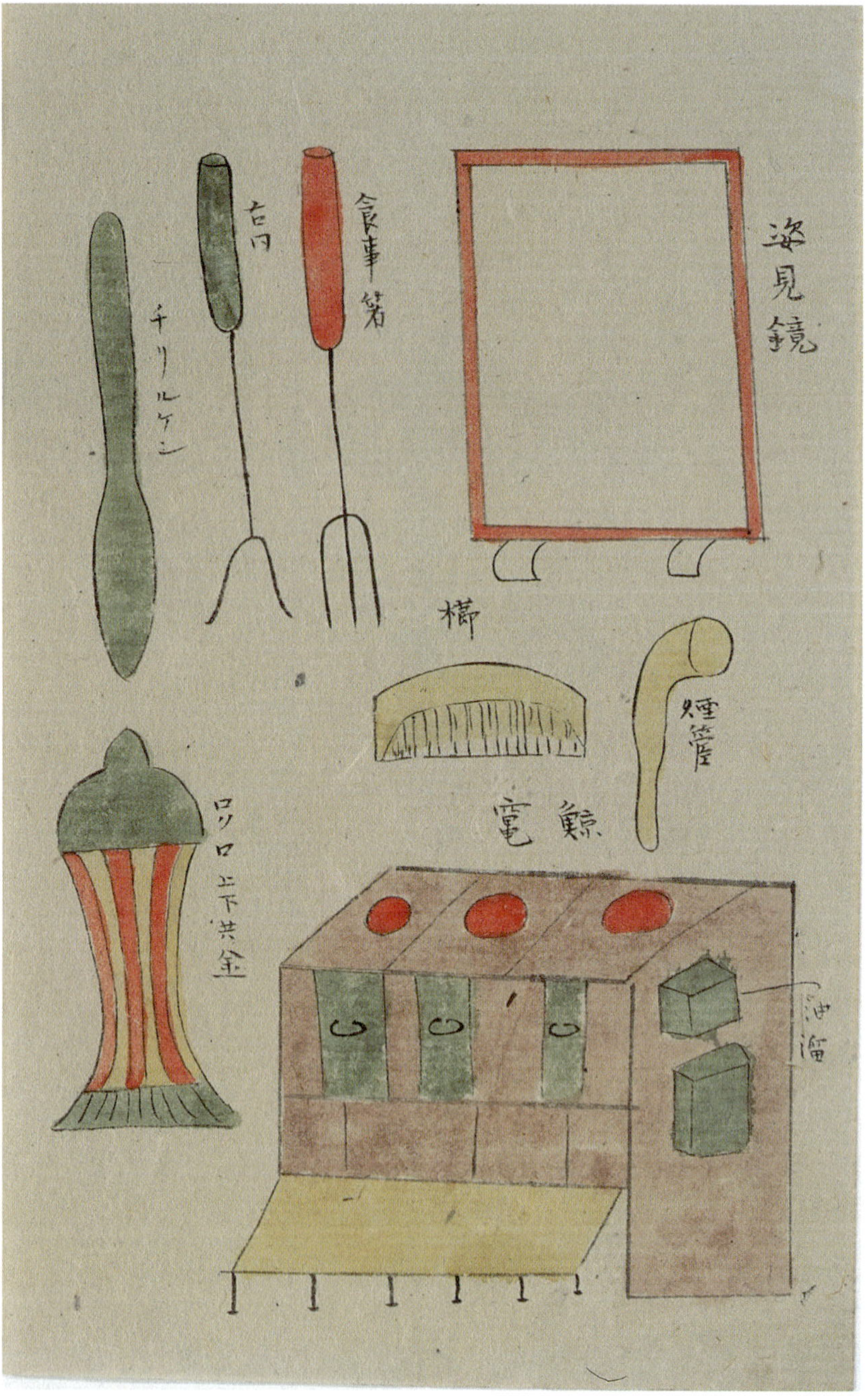


姿見鏡・食事箸・櫛・鯨竈など

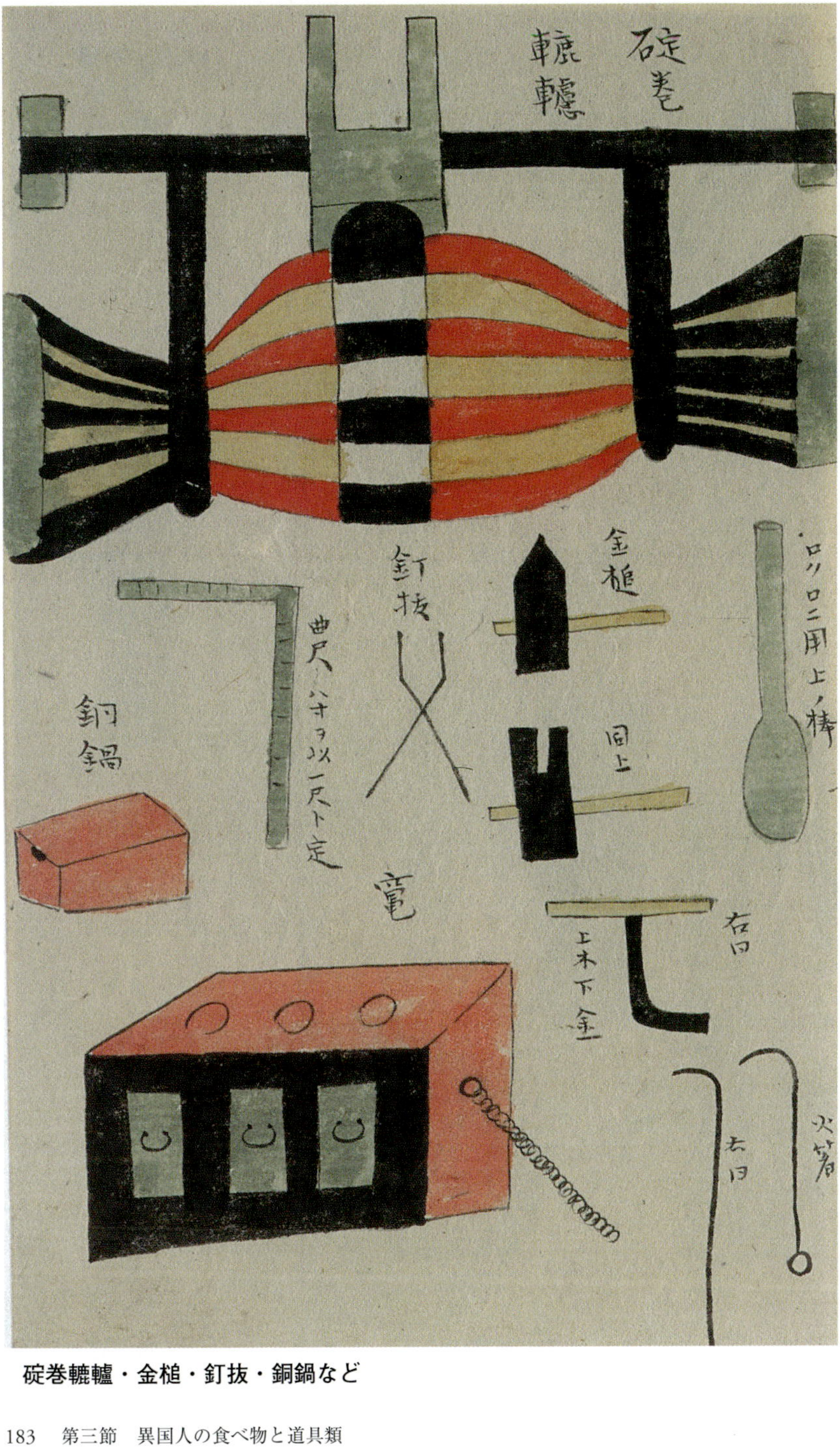


**碇巻轆轤・金槌・釘抜・銅鍋など**

スッポン・薬研・懸時計・砂時計など

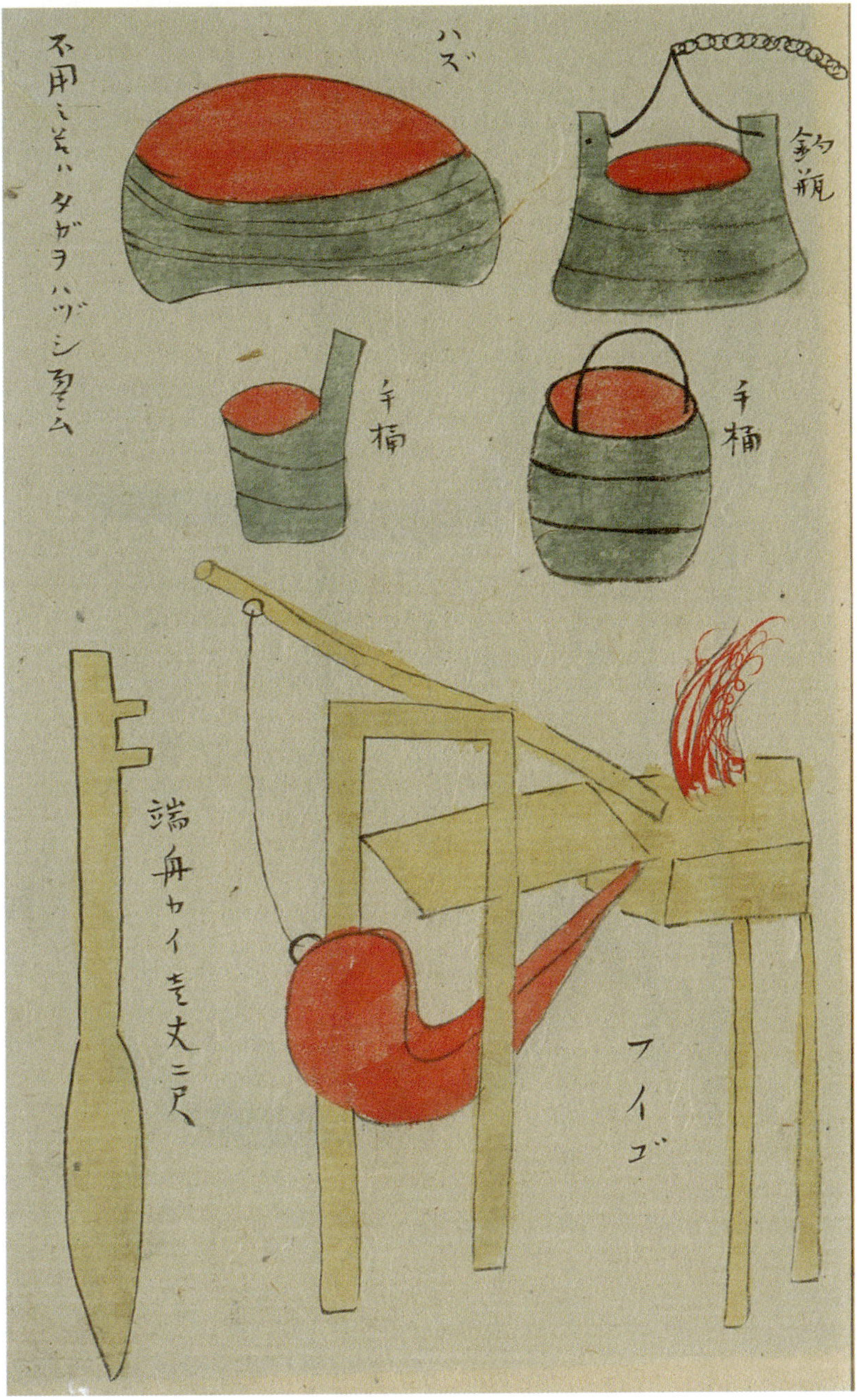


釣瓶・手桶・フイゴ・端舟カイなど

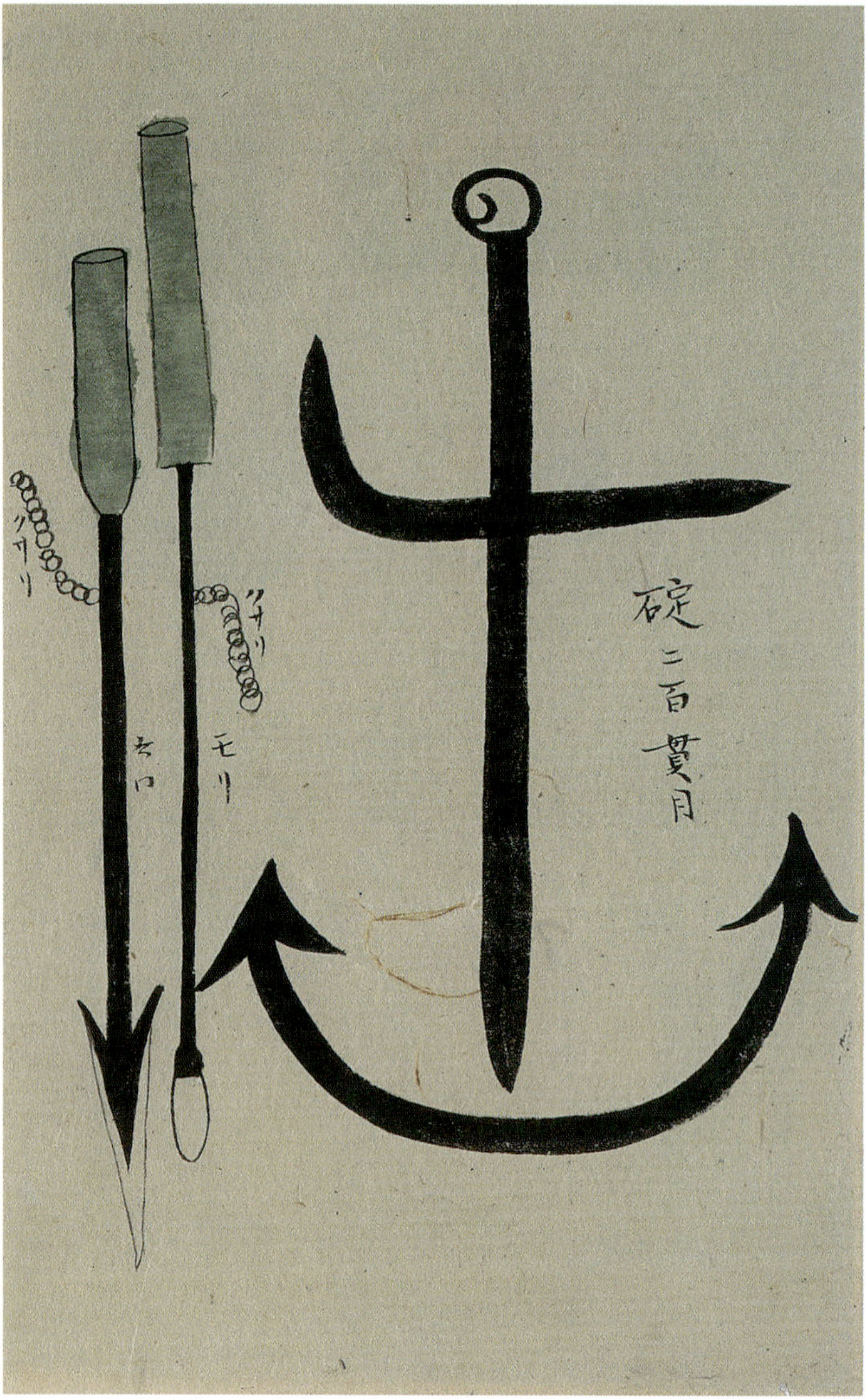


碇とモリ

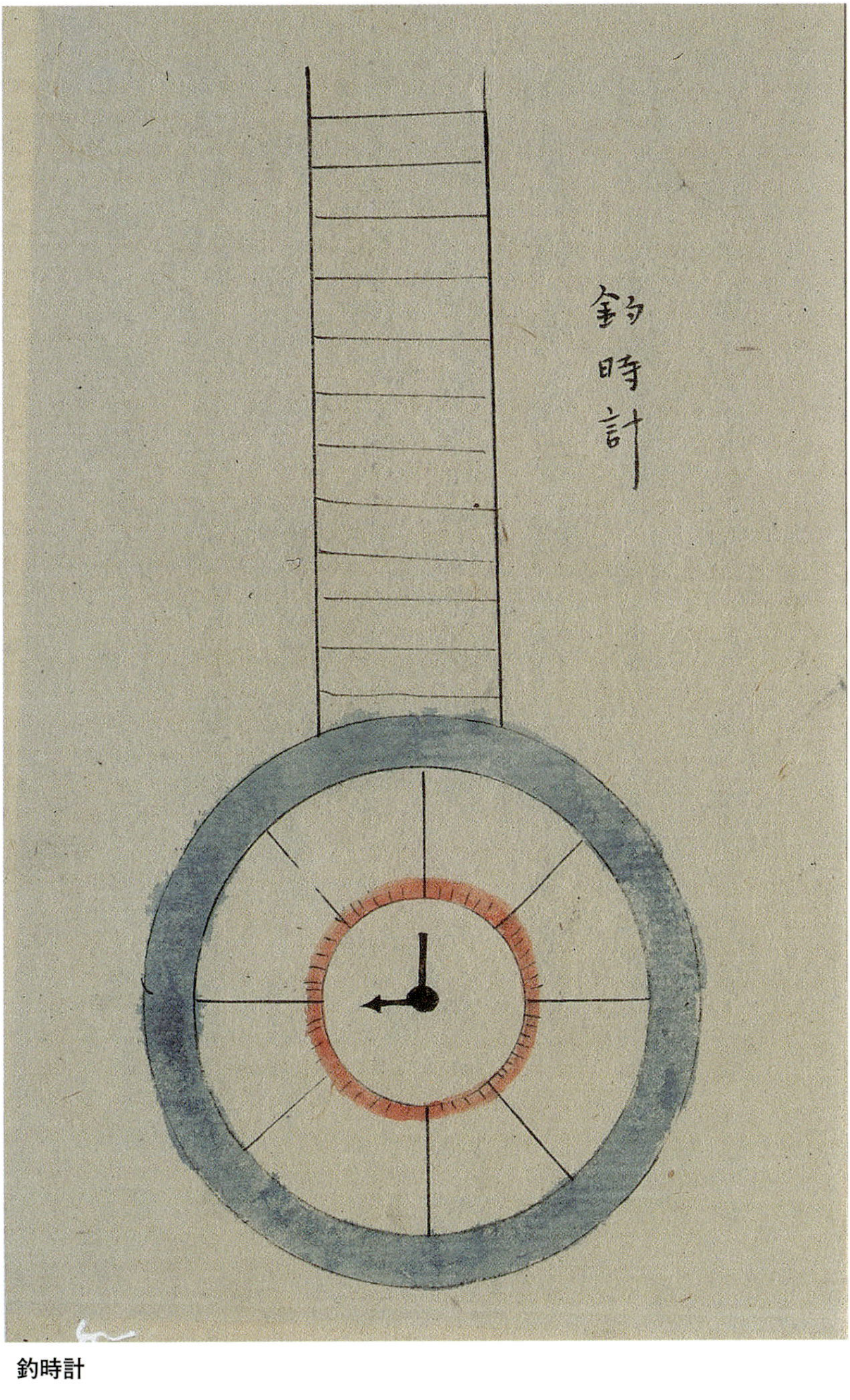


釣時計

猪と猪入置桶

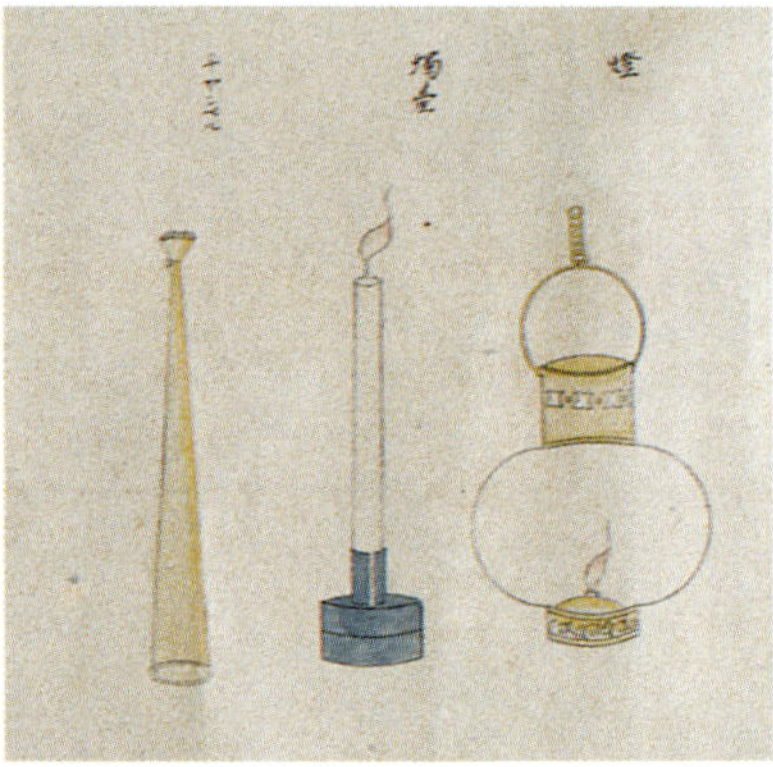

灯と燭台

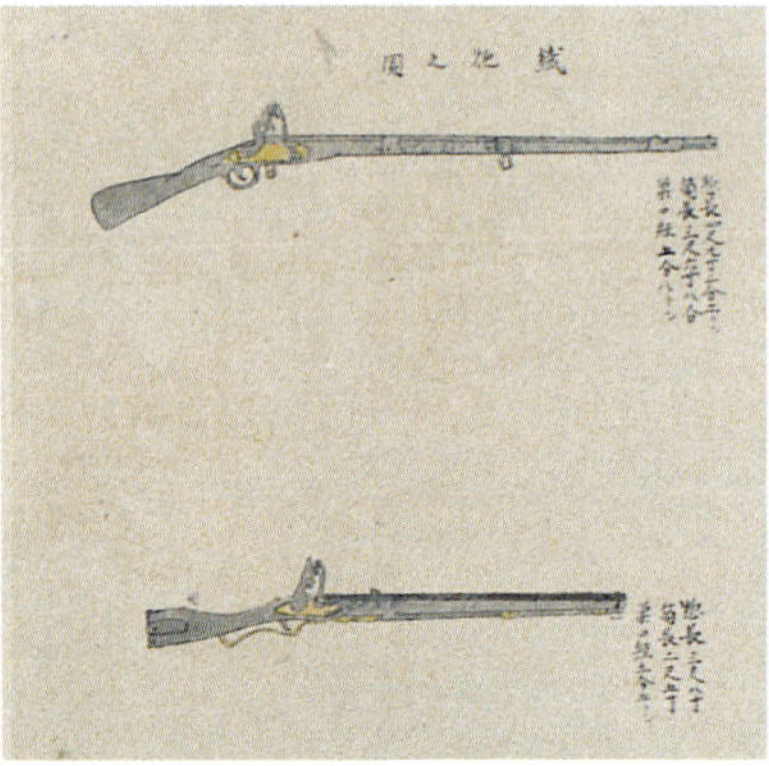

鉄炮

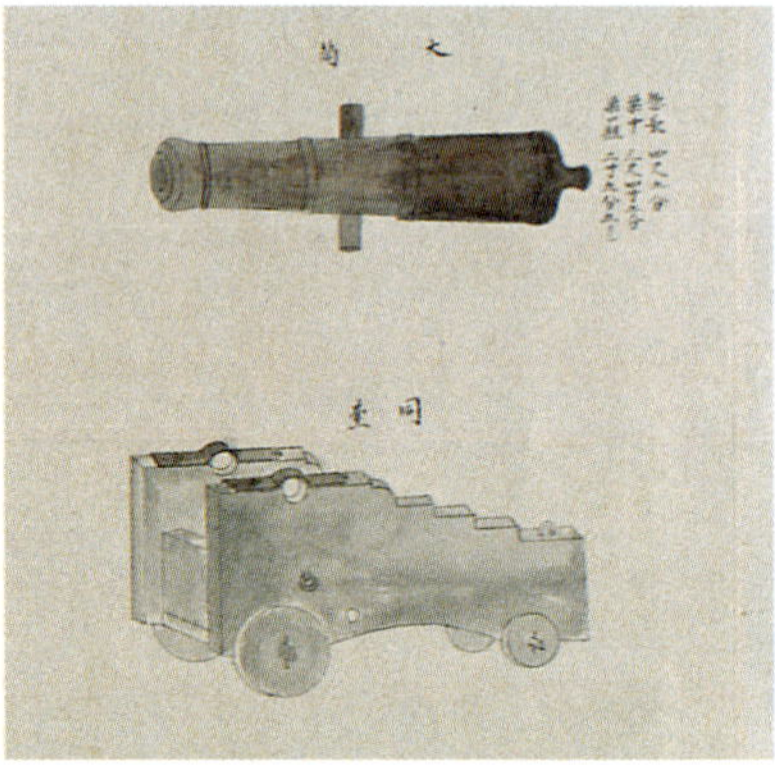

大筒と大筒台

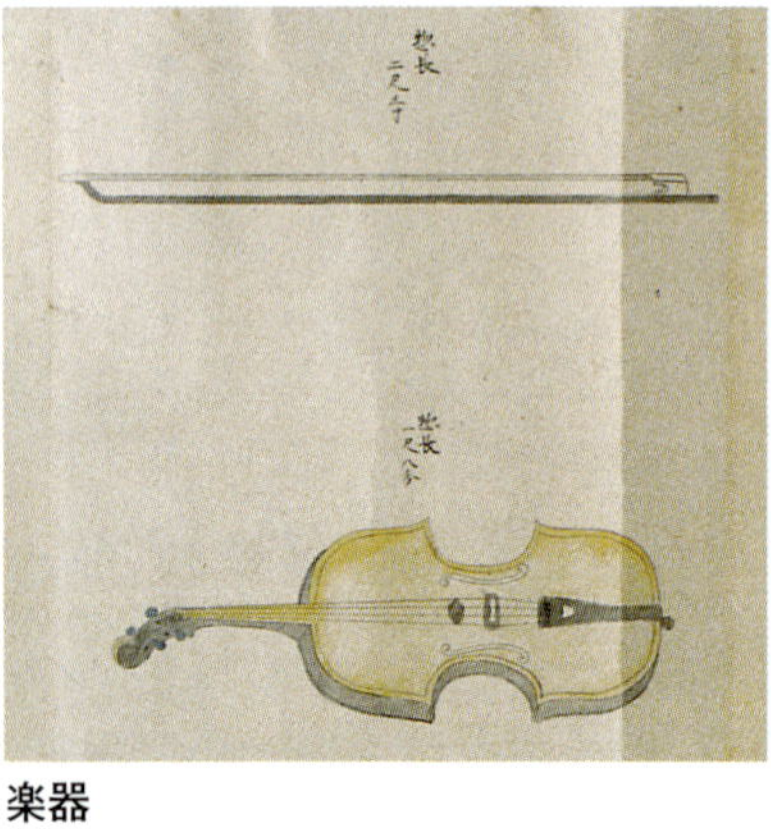

楽器

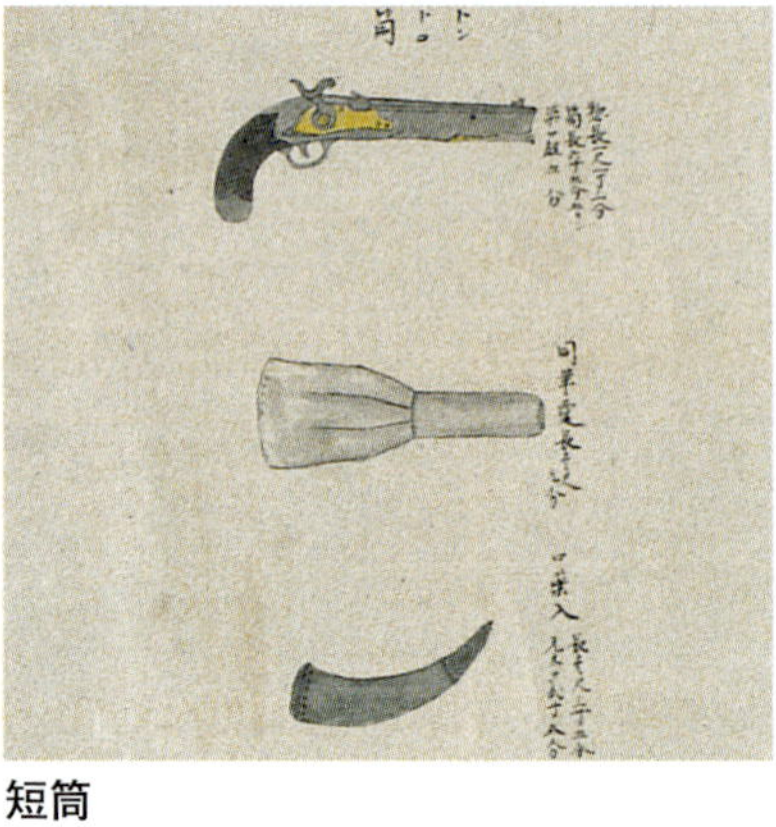

短筒

いずれも『弘化二巳年三月浦賀沖合江渡来亜米利加船并人物之図外器財之図』より（神戸大学海事博物館所蔵）

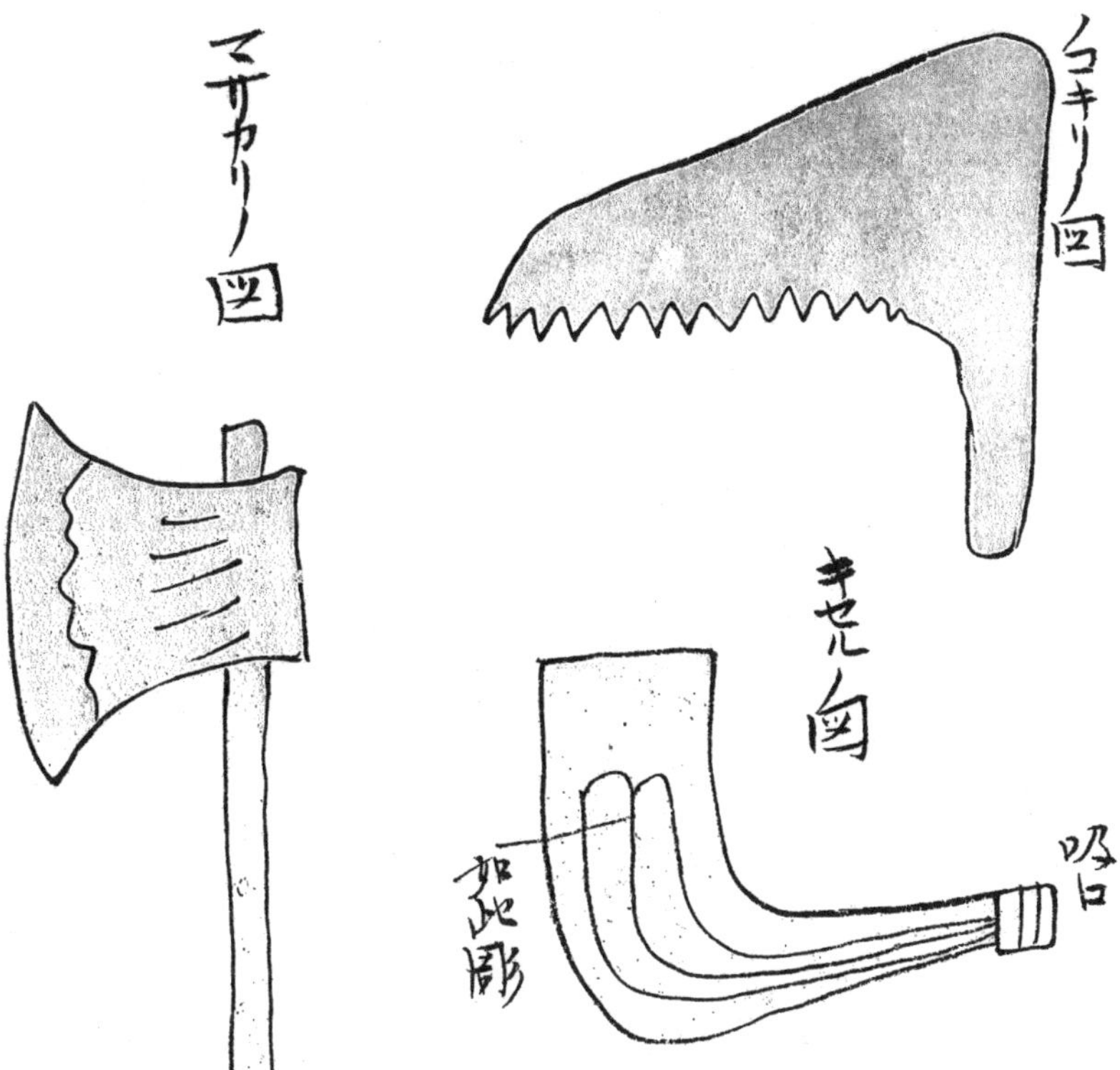


ノコギリ・マサカリ・キセル・砥石（『弘化改元詔書及弘化二年異国船渡来一件』東京都立中央図書館近藤海事文庫所蔵）

# 第六章　浦賀への入津

# 第一節　日本に向けて

日本人二十二人を救助したマンハッタン号は、そのまま日本に向かいました。クーパー船長は、日本が外国船の出入りを厳しく禁じていることを、もちろん知っていましたが、自分たちと同じように海上で危険に身をさらしている水主たちを見捨てませんでした。『ホノルル・フレンド』紙に載ったクーパー船長からの聞き書き（一四七頁）には、日本を目指した目的が二つあったと書かれています。

ひとつは、難船した未知の人々を故郷に帰すこと。そして、もうひとつは、アメリカ合州国が好意的で友好的な国であるという印象を日本に強く与えること。

そのような温かさと気概を持った船長が指揮するマンハッタン号は、一路日本に向かいました。

二月十七日には 「上総国大とう崎（かずさのくに、だいとうさき）」（現在の千葉県いすみ市の太東崎）に走り寄り、同日の昼には 「同国奥津湊（どうこく、おくつみなと）」（現在の千葉県勝浦市興津）の沖に来た、と『幸宝丸漂流

一件聞書』にあります（いずれも二〇五頁地図参照）。

日本の陸地が見えてきて、阿波の十一人も南部の十一人もほっとして、大喜びしたことでしょう。厚く礼を述べて、次のように頼みました。

二つの「ところ」が出てきています。は「処（處）」では「所」です。意味も使われ方もほとんど区別なく、古文書の中で同じように使われています。

「此処江（このところえ）」つまり、上総の海岸に、「一同（いちどう）」は、自分たち漂流民二十二人のことですね。これは「上」ですから「上陸」の意味で「あげ」と読んでおきましょう。「上呉候様（あげくれそうろうよう）」、上陸させ

てくれるように、「申入候所（もうしいれ、そうろうところ）」。

つまり、〝上総の海岸のどこか適当なところで、自分たち日本人を目立たぬように異国船から降ろしてほしい〟と頼んだのです。

ところが、その返事は「何分聞届ケ無レ之（なにぶん、ききとどけ、これなく）」ですから、断られてしまったことがわかります。「分」や「聞」も、よく出てくる大切なくずし字です。

なぜ、クーパー船長は、彼らの希望をかなえなかったのでしょうか。

その前に、漂流民たちは、なぜ上総での上陸を望んだのでしょうか。

ここのところのそれぞれの気持ちや事情、言葉のやりとりを、『幸宝丸漂流一件聞書』は実に丁寧に拾っています。

上総の海岸に上陸させてくれるようにと、船の上の日本人たちは強いて頼みました。しかし、船長は茶碗に水を入れ、手に芋を持って、マンハッタン号にはこの二品が不足していると言います。そして、それらを手に入れるために、是非とも江戸に乗り入れなければならず、上総で上陸させるわけにはいかない、と答えました。

これには漂流民たちは当惑し、どうなることかと恐れました。

異国船が江戸に乗り込んで来るという注進が、きっと村々から送られるだろう。まして や、自分たち漂流民が助けてもらったなどという事情はだれも知らないのだから、どうして異国船が内海まで入り込んでくるのか不審に思うだろう。そもそも、日本人である自分たちが、掟に反して異国船に乗っているのは、はなはだ恐れ多いことなのだ。

助けてくれた異国船にも、助けられた自分たちにも、処罰がおよぶことをひたすら恐れたのです。首を縦に振らない船長に対して、漂流民たちはさらに重ねて、次のように言いました。

必要な水も芋も、上総に上陸させてくれたら、その場所の領主にお願いして差し出させますので、どうぞ上陸させてください。

再三このように頼み込んでも、だめでした。そもそも、このように風が吹いて波立っている所で、マンハッタン号を岸につけることは危険で無理なので、日本人を上総で上陸させることはできないというのです。「降ろしてほしい」「いや、だめだ」が何度も繰り返されて埒が明きません。当惑した日本側は相談して、阿波・南部それぞれからひとりずつでも降ろしてほしいと申し出ます。これに対しては、やっと許可がおりました。

は、左側から「さんずい」「車」「斤」が書かれた「漸」。は、ここでは繰り返しの「々」ですので「漸々（ようよう）」。異国船側が、やっとのことで、ということですね。

は「たけかんむり」に「馬」の「篤」。「心」ですから「篤心（とくしん）」。納得してくれて、つまり「得心」のことですね。は「致し（いたし）」。日本人の言い分を聞き届けてくれ、異国船から「橋船おろし（はしぶね、おろし）」とあります。

その時、橋船（伝馬船、ボート）には「阿波由蔵（あわ、よしぞう）」と「南部太郎兵衛（なんぶ、たろべえ）」が「上陸人（じょうりくにん）」として乗り込みました。

だれを上陸人にするか、代表の人選は難しかったでしょうが、陸上側にこちらの状況をきちんと伝え、しかるべき臨機応変な対応ができる人間が、選ばれるべくして選ばれたのでしょう。阿波の由蔵は、沈みかけていた南部船を助けに行く時にも、異国船の橋船に乗って行った、頼りになる人物でしたね。その由蔵と、南部船の太郎兵衛が、それぞれの船頭から使命を帯びて、日本人みんなの期待を背負い橋船に乗り込みました。

幸いなことに海岸には日本の漁船がいましたが、異国船やその橋船を見て  「右漁船も地方へ向、にけ込（みぎぎょせんも、じかたへむけ、にげこみ）」とあります。

異国船などという怖くてやっかいなものにかかわりたくない、災いは避けるに限る、とばかりに追いかけてくる橋船からのがれようとしたのです。

けれども橋船のスピードの方が漁船を上回っていました。 「段々近寄、右漁船ニ乗船（だんだんちかより、みぎぎょせんに、じょうせん）」した、とあります。「段」は、「此段（このだん）」「右之段（みぎのだん）」「直段（ねだん）」などと、よく出てくる字です。

漁船から降り 「守谷村（もりやむら）」（二〇五頁地図参照、現在の千葉県勝浦市守谷）に上陸した由蔵と太郎兵衛は、村役人宅を探しあて逐一事情を述べました。そこから二人は、それぞれ別の場所に急いで移動し、取り調べを受け、事情を詳しく説明しました。

太郎兵衛は、守谷村の領主である清水様（御三卿のひとつの清水徳川家、この時の当主は五代斉彊・なりかつ）の江戸屋敷まで連れて行かれました。そこで、清水家の家老に尋問されたのち、江戸詰の浦賀奉行である土岐丹波守頼旨（とき、たんばのかみ、よりむね）に引き渡されました。

由蔵の方は、村役人に付き添われて夜通し歩いて房総半島を横切り、翌十八日の朝には警備の忍藩（おしはん）の船で対岸の浦賀奉行所に出頭しています。浦賀では、浦賀在勤の浦賀奉行である大久保因幡守忠豊（おおくぼ、いなばのかみ、ただとよ）が尋問しています。

太郎兵衛と由蔵がいかに真剣に事情を説明したかは、想像に難くありません。どのように遭難し、どのように異国船に助けられ、どのように親切にされたか。そして、異国船は捕鯨船であり、争う気持ちがなく、不足している水と食料を望んでいること。何よりも、阿波船と南部船の漂流民たちが一日も早い上陸を待ちわびていること。これらのことを、熱意を込めて話したのでしょう。

『弘化雑記』には、この件に関する各種記録が四十点余り収録されています。房総半島を所領とする諸大名およびその家来たちからの報告書や注進状、通詞が提出した書類、浦賀奉行の伺書、評定所の意見書、老中の指示などです。

そこには、太郎兵衛からの聞き取り調査の内容も書かれており、幕府側が何に関心を持って質問したかなども推し測ることができます。

さて、二人が降りた異国船からは、同じ二月十七日の午後、さらに二人の水主が下船しました。阿波の幸助と南部の留蔵が、「乙浜村（おとはまむら）」（二〇五頁地図参照、現在の千葉県南房総市白浜町乙浜）に上陸したのです。

これはどうしたわけかと言うと、異国船はその日の午後二時頃に乙浜村の沖へ来て、漁船に出会いました。その漁船に、乙浜村から浦賀までの距離を尋ねたところ十四、五里とのこと。それに対して、守谷村から浦賀までは三十四、五里もあるとのこと。

太郎兵衛と由蔵が早く浦賀に注進してくれることを船の上で心待ちにしていた日本人漂流民たちは、そんなに遠いのでは、守谷村で上陸した彼らが江戸や浦賀に到着するには相当の時間がかかってしまう、と焦りました。

とにかく早く事情を知らせたい彼らは、クーパー船長にまたまた頼み込んで、幸助と留蔵を漁船に乗り移らせて、乙浜村に上陸させたのです。彼ら二人は、翌朝に忍藩の警備船で浦賀奉行所に連れて行かれました。

## 第二節　海岸防備と幕府の決断

突然現れた異国船は、日本の海岸からどう見えたでしょうか。
陸の側は、どのような対応をしたのでしょうか。
左頁は、上総の海岸から見た船を描いたものです。三本マストに多くの帆が張られています。船を正面から描いたもののようです。
図に書かれた文字を読んでみましょう。

「此図ハ一ノ宮海岸近ク図、船真向ニ乗来ルトキノ形ナリ」

　このずは、いちのみやかいがんちかくず、ふねまっこうに、のりきたるときの、かたちなり。𪜈は「トキ」の合字（合わせて一文字になった字）です。

「岩角ニ帆ヲ掛タル如ク見ヘタリ」

　いわかどに、ほをかけたるごとく、みえたり。

「一ノ宮海岸」ですから、現在の千葉県長生郡一宮町の海岸近くにマンハッタン号が現れたことがわかります。上総一宮は、太郎兵衛と由蔵が上陸した守谷村より北にあります。

真正面から見た異国船　（『弘化改元詔書及弘化二年異国船渡来一件』東京都立中央図書館近藤海事文庫所蔵）

いずれにせよ、一宮も守谷村も、幸助と留蔵が降りた乙浜村も、上総から安房にかけての房総半島東側の村々です（二〇五頁地図参照）。

これら海岸線の地域で、二月十七日に異国船が目撃され、大騒ぎになっていました。マンハッタン号が海上を移動するのにともない、目撃した村々から領主に注進が行き、それが江戸や浦賀に伝えられるという形で、刻々と報告されていることが、『弘化雑記』などからわかります。

さらに、下船した漂流民の太郎兵衛たちの取り調べから、マンハッタン号が江戸を目指していることがはっきりしてきましたので、周辺に厳戒態勢が敷かれました。

弘化二（一八四五）年のこの当時、防備を仰せつかっていたのは、忍藩（おしはん）と川越藩（かわごえはん）でした。幕府は、アヘン戦争（一八四〇年）などの情報から、江戸湾防備を強化する必要性を痛感し、天保十三（一八四二）年八月に、忍藩に房総海岸、川越藩に相模国の海岸防備を命じていました。

二〇三・二〇四頁は、弘化年間（一八四四年〜一八四八年）の江戸湾沿岸の台場が、海側から描かれた『江戸防備諸炮台之図』（船橋市西図書館所蔵）です。どのような地形をしていたか、台場をどのように築いていたか、などを知ることができます。

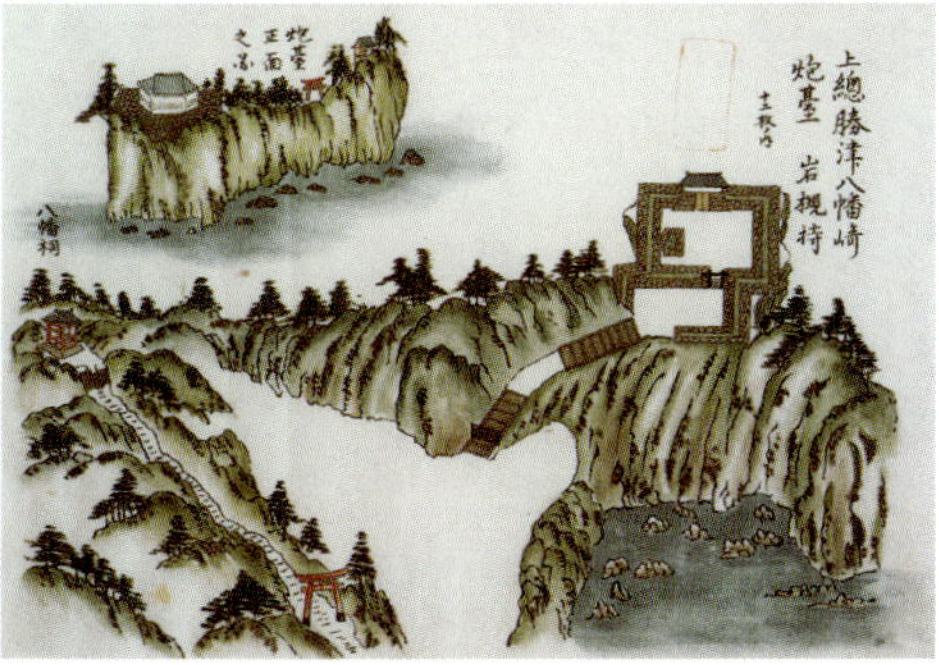


上総勝津八幡崎炮台

上総小浜炮台

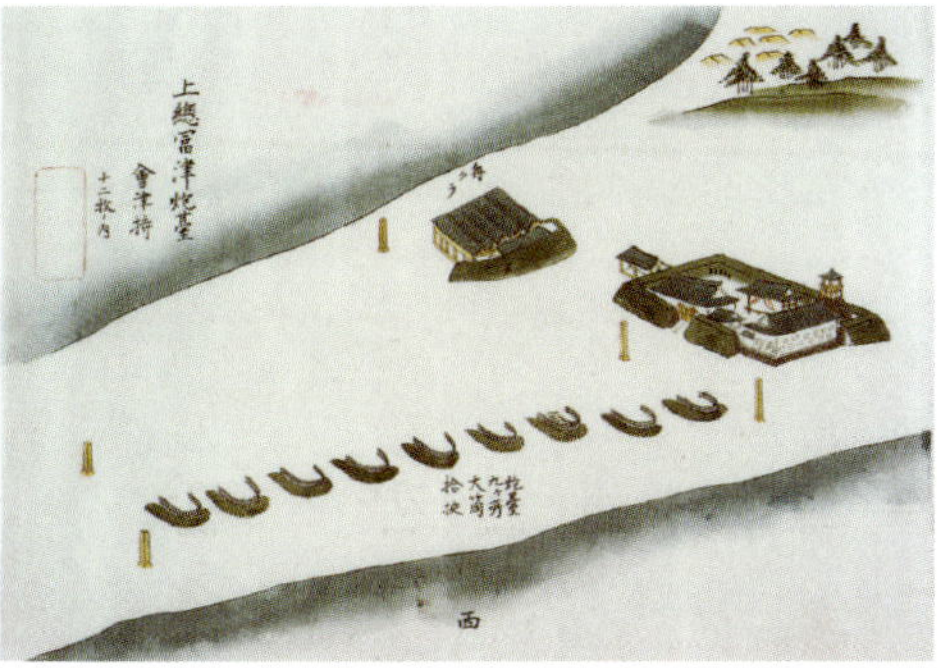


上総富津炮台

上総竹ヶ岡炮台／安房大房炮台

安房洲崎炮台

安房和田炮台／安房天面炮台

『江戸防備諸炮台之図』（房総側 6 点、船橋市西図書館所蔵。204 頁とも）

観音崎炮台

平根山炮台／鶴崎炮台

城ヶ島炮台

城ヶ島篝台

旗山炮台／十石崎炮台

野比崎千駄鼻炮台／西浦賀灯明台／腰越炮台

『江戸防備諸炮台之図』（相模側６点）

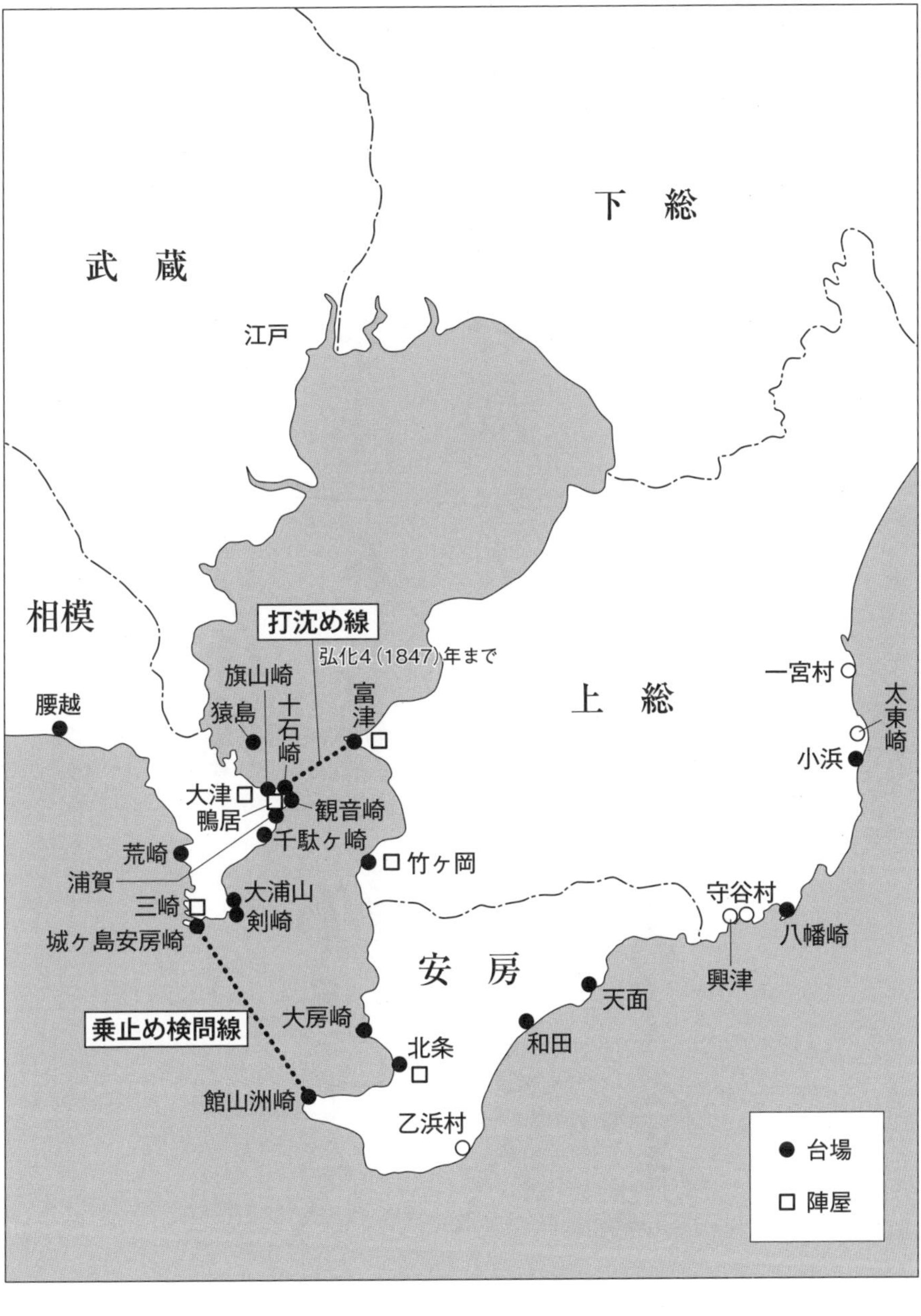
下　総
武　蔵
江戸
相模
打沈め線
弘化4（1847）年まで
上　総
一宮村
太東崎
小浜
腰越
猿島
旗山崎
十石崎
富津
大津
鴨居
観音崎
千駄ヶ崎
荒崎
浦賀
竹ヶ岡
大浦山
剣崎
三崎
城ヶ島安房崎
守谷村
興津
八幡崎
安　房
天面
和田
乗止め検問線
大房崎
北条
館山洲崎
乙浜村
台場
陣屋

『幸宝丸漂流一件聞書』には、次のように書かれています。

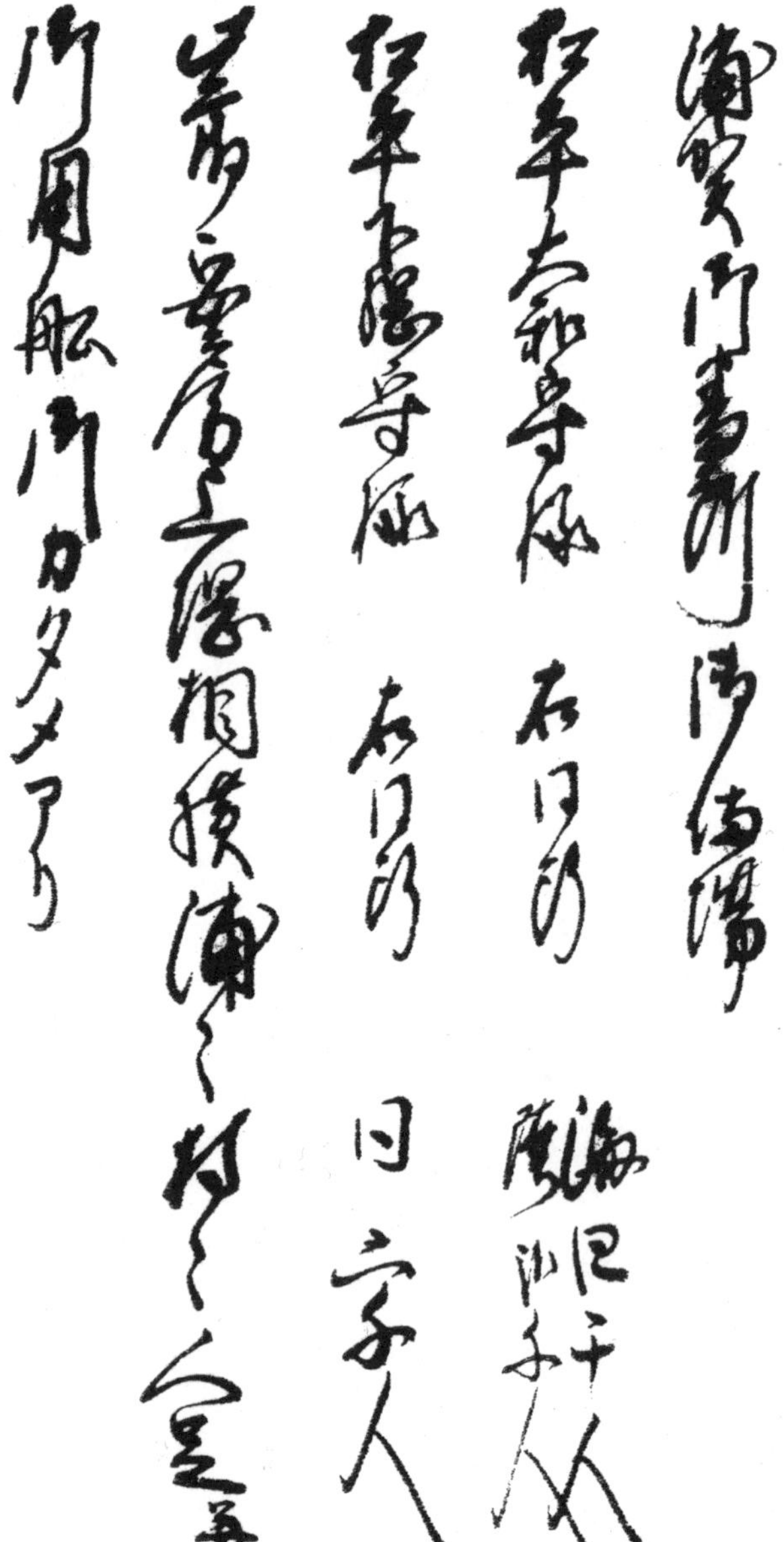

浦賀御番所、御備場

松平大和守様、右同断、海四千人

松平下総守様、右同断、陸弐千人

此節安房・上総・相模浦々村々人足并

御用船御カタメアリ

「浦賀御番所御備場（うらがごばんしょ、おそなえば）」の「番」「備」は、文書でよく見る典型的なくずし方です。「断」も大切な字で「同断（どうだん）」は、同様という意味です。ここの「右同断」（右に同じ）は御備場のことですね。

松平大和守様とは、川越藩主の松平大和守斉典（まつだいら、やまとのかみ、なりつね）のことですので、川越藩が相模の海岸警備に、海陸合計六千人をあてたということです。

松平下総守様は、忍藩主の松平下総守忠国（まつだいら、しもうさのかみ、ただくに）です。房総の海岸も、六千人態勢だったことがわかります。しかも、安房・上総・相模の浦々村々ですから、房総半島から三浦半島の漁村や農村の人々を駆り出し、漁船も総動員して、「御カタメ」（御固め・警備）にあたらせたことがわかります。

さて、このように警備側が緊張し、いつ異国船が江戸湾に侵入してくるかと警戒する中、肝心のマンハッタン号は、二月十七日に乙浜村で幸助と留蔵を降ろしたのち、どうしたことか姿を消してしまいました。暴風雨で海が荒れて陸地に近づくことができず、沖合に避難していたのです。『幸宝丸漂流一件聞書』の記載からは、マンハッタン号といえども、日本列島近海の不安定な天候に翻弄されている様子がうかがえます。

事態が動いたのは、もう異国船は現れないのかと思い、警備を解こうとしていた矢先の三月十日です。房総半島先端の洲崎（すのさき、現在の千葉県館山市洲崎）付近にマンハッタン号が姿を現したため、警備の船が次々に近づき乗り込みました。

『幸宝丸漂流一件聞書』には、御陣屋から早船が来て、その一番乗りは松平下総守様の家来である市川半六様だった、と書かれてあります。そして、弐番は松平大和守様の家来、三番は浦賀御番所の御役人であり、それら引船がおよそ百七十艘にもなった、とあります。

マンハッタン号はひとまず洲崎に停泊しました。下総守様より 「十八人之もの」へ 「御飯被㆓下置㆒（ごはん、くだしおかれ）」とあります。十八人とは、漂流民二十二人のうち、下船した四人を除く十八人です。彼らに、房総半島警備の忍藩から、早速食事が与えられたことがわかります。

マンハッタン号は、翌十一日の明け六ツ時（夜明け）に、洲崎を離れました。そして、「引船ニ而浦賀（ひきふねにて、うらが）」に暮六ツ時（日暮れ）に「入津」しました。その引船の数は、何と「四百艘」とあります。

〝浦賀入津〟、そうです、幕府が異国船を浦賀に入津させる決断を下したのです。中国船とオランダ船さえ長崎のみに入津が制限されていた時代に、なぜこのような例外を認めたのでしょう。

マンハッタン号が姿を消していた二十日余りの期間が、結果的に幸いしたと言えます。その間に、日本側はいろいろな議論を戦わせながらも、二人の浦賀奉行（一九八頁）の進言を採用し、老中首座の阿部伊勢守正弘（あべ、いせのかみ、まさひろ）が反対派を抑えて、浦賀での受け入れの特別措置を決断しました。『弘化雑記』などからは、そのやりとりの様子が見えて、興味深いです。

当時幕府は、房総半島先端（館山の洲崎）と三浦半島先端（城ケ島の安房崎）とを結んだ線の外で異国船を留めて、詮議することを原則としていました（二〇五頁地図参照）。

しかし、由蔵などを取り調べた浦賀在勤の浦賀奉行大久保忠豊は、阿部正弘への二月二十一日付けの伺書で、およそ次のように述べています。

昨二十日に申し上げました通り、烈風荒波のために走行が難しく、組与力・同心・通詞を乗り込ませた二艘の見届船は、夕方になっても帰って来ず状況は不明です。彼らには、「風さえ静まれば遠沖まで乗り出して調べるように。これまでの情報通り、異国船が漂流民を送り届ける目的のみで来航したのであり〝逆意〟の様子が見受けられなければ、浦賀湊内に引き入れるように。」との指示を与えてあります。この辺りの海上は荒波で、とても船を停泊させられず、警備船の対応もできません。その上、浦賀奉行所からも遠く、交渉に手間取り不便です。特に、このたびの異国船は漂流民を連れて来ていますので、奉行所の者を付き添わせた上で直ちに当湊内へ引き込んで取り調べたいと存じ、お伺いいたします。

太郎兵衛の方を尋問した江戸詰の浦賀奉行土岐頼旨は、次のように述べています。

今回は、海上で難破した漂流民たちが助けられたのであり、外国に渡った者をその国の人が送ってきたのではありません。しかも、捕鯨船が他国民を助けるために、自分の仕事を止めて誠実に送って来たのであり、これを受け取らなければ、自国民を棄てたことになり「御不仁之義」（非人道的）なことです。

御法令が大切なのはもっともですが、漂流民は受け取り、異国船には厚く感謝して相応の「御手当」（御礼）をも下さるべきではないでしょうか。漂流民たちは洋上に漂って、一日千秋の思いで上陸を待ちわびていると推察いたします。いったん苦難を乗り越えて安心して気が弛んだところに、浦賀で受け入れられず長崎まで渡海するようなことになったら、きっと落胆して病気になるでしょう。特に、南部船には十歳の男子もおり、まだ骨格が定まっていない年齢です。また、長崎までの異国船の護送は、何が起こるかわからず困難です。今回は浦賀で受け入れたとしても、これから先すべて同様の取り扱いをする必要はなく、その時々で判断したらよいと存じます。異国に対して御仁愛を示すことは、却って日本の国力が強いことを示すことになります。

土岐頼旨が、「御評議中をも顧みず、愚かな考えを申し上げ恐れ入りますが、再度このように申し上げます」と述べているように、幕府では、評定所で審議が継続されていました。そして評定所一座は、異国船に薪水と食料を与えるのはともかく、漂流民はあくまで法令通りに、長崎で中国・オランダを経由して受け取るべきだ、と強く主張しました。

しかし、最後に決断を下した阿部正弘は、一時的な措置として浦賀での受け入れを認め、急ぎ土岐頼旨を江戸から浦賀に向かわせました。

## 第三節　謝礼の品々とマンハッタン号との別れ

『弘化雑記』の中の「弘化無人島漂流記聞」からは、マンハッタン号を取り囲む浦賀湊内での厳重な警戒ぶりがうかがえます。

浦賀湊へ数百艘の御用船・役船で引き込ませ、その船のまわりを浦賀御備船をはじめ、御用船・房総の御固船・大津御陣屋よりの御備船、そのほか浦々の役船にて十重・二十重に取り巻き、兵糧運送船のほかは絶対に異国船に近づけない厳戒ぶりである。夜には諸藩の固め提灯が数知れず輝き、篝火も海中にきらめき、まるで白昼のようである。

そして、異国船見物の人は「海岸山野に満々たり」とあります。マンハッタン号を中心にして、それを幾重にも幾重にも取り囲む数知れぬ警備船。さらに、それを山の上や海岸から見物している好奇心の塊のような数多くの人々。近くはもちろん、遠くからも浦賀目指してやって来たのでしょう。

そのような騒ぎの中で、漂流民たちはどうしていたのでしょうか。『幸宝丸漂流一件聞書』

の記載に戻ってみましょう。

三月十一日の日暮れ時に浦賀に入津後、早速、浦賀奉行所から「番船三拾艘（ばんせん、さんじっそう）」がやってきて、阿波船と南部船の十八人の漂流民ひとりひとりについて、どこの国のどこに住んでいて名前は何かという「御改（おあらため）」（取り調べ）がありました。

翌十二日には、やはり漂流民「銘々（めいめい）」の「着類（きるい）」「手道具（てどうぐ）」（衣類や持物）、そして「積物（つみもの）」（船の積荷物）を取り調べています。「具」は、このようにくずれます。

十三日にも持ち物検査があり、十四日には異国船に「貰物戻す（もらいもの、もどす）」とあります。は「須」をひらがな読みした「す」です。異国船上でもらった物や借りていた物を、日本人たちが返却したのですね。

浦賀にマンハッタン号が停泊していた三月十一日から十五日までの間、取り調べはすべてこのように船上で行われました。すでに房総半島の洲崎から、浦賀奉行所の役人などが乗り込んでいましたが、本格的な調べは浦賀入津後に行われました。漂流民たちは、目の前にある夢にまで見た日本の地に、すぐに上陸することはできなかったのです。

しかし、彼らはまず食事で祖国を実感したようです。

『幸宝丸漂流一件聞書』には、十一日は下総守様（忍藩主）から、十二日から十四日までは浦賀御奉行様から御飯をいただいた、と律義に書かれてあります。「弘化無人島漂流記聞」には、その食事の美味しさとありがたさが、感動とともに次のように表現されています。

漂流の水主たちが疲れているだろうと厚く思いやってくださり、兵糧方へ仰せ付けくださって粥をくだされた。それから一両日過ぎて、飯・魚類などまでくださった。粥と汁を食べた時の美味しかったことといったら、たとえようもなかった。このような御恵みを受けたことは、ことさらありがたかった。

食べ慣れた日本の食事を久しぶりに口にして、どれだけほっとしたことでしょう。しかも、それが罰せられるかもしれないと恐れていた奉行所側から与えられたものだったのですから、助かったという安堵が込み上げてきたでしょう。

いよいよ十四日には、老中の命を受けた江戸詰の浦賀奉行土岐頼旨が浦賀に到着し、警備にあたっていた浦賀在勤の浦賀奉行大久保忠豊とともに、異国船に謝意を述べました。そして、「今回は、全く一時の便宜的な措置であり、以後はたとえ漂流人を連れてきても受け取らない」という旨を伝えた上で、幕府からの謝礼として次の品々を与えました。

記載は『相州浦賀江入津、異国船荒増』からです。

虫食いなどがあって、少々判断しにくい所もありますが、次のように読めます。

白米廿俵、但四斗入、搗麦廿俵同断、
（はくまい、にじっぴょう、ただしよんといり、つきむぎ、にじっぴょう、どうだん）
大根百把拾本〆、鶏五十羽、但つがひ
（だいこん、ひゃくわ、じっぽんじめ、にわとりごじっぱ、ただし、つがい）
小麦粉弐斗、牛房、にんじん（こむぎこ、にと、ごぼう、にんじん）
槙弐百束、吸もの椀・皿十人前
（まき、にひゃくたば、すいものわん・さら、じゅうにんまえ）
鮃弐尾、鮪壱本、茶四斤（ひらめ、にび、しび、いっぽん、ちゃ、よんきん）
杉、十一間物、壱本（すぎ、じゅういっけんもの、いっぽん）
杉、三尺廻り七間もの、三本（すぎ、さんじゃくまわり、しちけんもの、さんぼん）

が「白」のくずしだというのは、とても意外だと思いますが、「明白（めいはく）」「敬白（けいはく）」などと、文書の中に出てきます。「同断（どうだん）」は、「前と同じ、同様」という意味でしたね（二〇七頁）。ここでは「但四斗入」を繰り返して書かずに「同断」としています。白米も搗麦も、それぞれ四斗入りの俵で二十俵、八十斗ですから八石ずつ渡したのですね。

大根は十本〆で百把ですから、何と千本ということになります。

鶏は、雌雄の「つがい」で五十羽。は「徒・可に濁点・比」で「つがひ（つがい）」と書かれています。その後の航海で、この鶏たちも豚と同じように（一七九頁）甲板で飼われていったのでしょう。

小麦粉は、マンハッタン号の乗員たちの「平生」の食料（一七七頁）でしたね。

「ごぼう」を私たちは「牛蒡」と書きますが、ここでは音（オン）が同じ「房」を使って「牛房」と書いています。

「にんじん」のもとの漢字は、「尓・无・志に濁点・无」です。

「槙」は「薪」のことですね。

「吸もの椀」と「皿」を、どちらも十人前というのは、マンハッタン号

の人数二十八人からみて何とも中途半端な数ですが、これでよかったのでしょうか。
「さかなへん」に「平」で「鮃（ひらめ）」が二尾。
「さかなへん」に「有」で「鮪」。私たちは、これを「まぐろ」と読むことが多いですが、『幸宝丸漂流一件聞書』などには「シビ」と書かれていますので、ここでも「しび」と読んでおきます。いずれにせよ、クロマグロかキハダ、ビンナガなどの成魚の特別大きいのを、一本プレゼントしたのでしょう。
「茶」を四斤とあります。一斤を六百グラムとして、二・四キログラムになります。
杉は、全部で四本渡しています。まず、十一間物を一本ですから、二十メートルほどの長さの杉材です。あとの三本は、七間物ですから、長さは十三メートル近く、三尺廻りですから九十センチメートル余りです。

これらの品々が、マンハッタン号に積み込まれました。

クーパー船長たちは、喜んでくれたでしょうか。

『弘化雑記』の中の「亜米利加船雑事」は、マンハッタン号に乗り込んだと思われる浦賀奉行所の役人が書いた報告書です。異国船と異国人を観察した内容を二十七項目にわたってなかなか興味深く述べています。その中に、次のような記載があります。

異国人たちは下された食料や薪水を喜び、殊に、樯に用いる杉木と椀を喜んでいる様子だった。椀は、麁末な漆絵で南天の模様があるものだったが、それを代わる代わるながめては誉めている様子だった。

こちらが、あまりたいした物でないと思っている物を、いたく気に入って感心している、ということなのでしょう。これは、日本側が高級だと思って着ている警衛士の陣羽織毛類には一向に目を留めず、却ってそれより下級品の平金織物の方を誉めている、といった記述にも表れています。日本側と異国船側、お互いに、小さなことから大きなことまで、何から何までカルチャーショックだったことでしょう。いずれにせよ、杉木・椀をはじめとして食料・薪水を喜んでくれたことは、本当にうれしいことです。

これらの交渉にあたった通弁（通詞・通訳）の森山栄之助は、語学の才能に秀でていて、オランダ語が堪能でした。しかし、ここでの交渉言語である英語はほとんど通じず、身振りを豊かにまじえながら日本側の意志を伝えました。彼は、この事件後、北海道に潜入し長崎に護送されてきたアメリカ青年ラナルド・マクドナルドを先生として通弁仲間と発音を学ぶなど、とても熱心に英語の習得に励みました。そして、ペリー来航時をはじめ、アメリカやイギリスを相手にする外交交渉には欠かせない人物になっていきました。

品々を異国船へ積み入れたあと、いよいよ待ちに待った時がきました。『幸宝丸漂流一件聞書』には、次のようにあります。

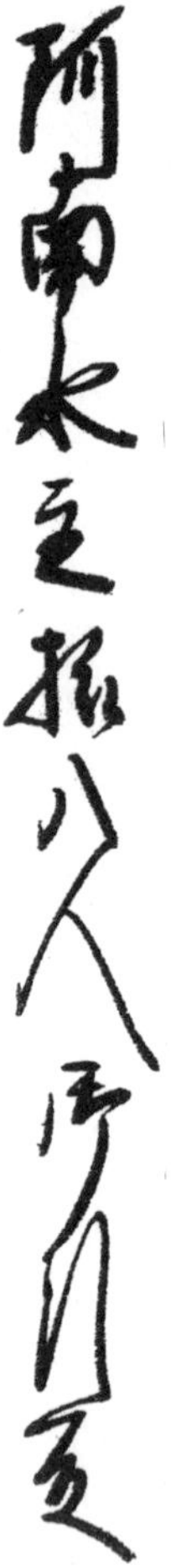

「阿南水主拾八人（あなん、かこ、じゅうはちにん）」。これが、浦賀に停泊しているマンハッタン号上の漂流民たちの数でした。

その十八人を「御引取（おひきとり）」という段階になりました。「取」は、古文書に比較的よく出てくる字で、ほかにものようにくずれます。

浦賀奉行所の「御出役（ごしゅつやく）」たちが「御奉行様御名代（おぶぎょうさま、ごみょうだい）」として、彼らを引き取って上陸させました。

その際のことが、次のように書かれています。

「此節（このせつ）」。日本人たちが下船する時ですね。「唐人（とうじん）」異国人たちが「拾八人之者江（じゅうはちにんのものえ）」漂流民たちに「別れをおしむ事（わかれを、おしむこと）」「甚タナケク（はなはだ、なげく）」、とあります。

マンハッタン号の乗員たちが、日本人たちとの別れを惜しんで、とても嘆き悲しんだ、ということですね。もちろん、漂流民たちも命の恩人たちに感謝して一同落涙し、異国人と互いに手を握り合って別れを惜しんだ、と「亜米利加船雑事」などにあります。二月八日・九日に救助されてから一か月ほどの間に、お互いに深い親しみと信頼関係を築いていたことがわかります。

阿南両艘の船頭は、乗船の日から別れの日迄、「唐人頭と同様之取扱（とうじんがしらと、どうようのとりあつかい）」を受けた、との記載も『幸宝丸漂流一件聞書』にあります。同じ船長として、幸宝丸と千寿丸の船頭たちも、クーパー

船長と同等に処遇されたのですね。漂流民たちを下に見ず、船の大きさや人種の違いで差別もしないで、人間を人間として尊重するこの心持ちには深く感じ入り感謝するとともに、日本側の多くの文書で、クーパー船長のことを「極めて柔和で人品が宜しい」などと評しているのも納得できます。

その船長のもとで働いていた捕鯨船の一同も、情が深く心温かい人たちでした。その様子が特に感じられる記載をご紹介してみましょう。

浦賀奉行の土岐頼旨も気遣っていた（二一一頁）勝之助という十歳の少年がいました。彼は釜石の貧しい家に生まれて、継母とうまくいかなかったのを、近隣の人たちが不憫に思って船頭たちに掛け合って千寿丸に乗せたのでした。彼は食を与えられ、今度の航海に初めて連れてきてもらったところ難破してしまったのです。

異国人たちは、特にこの少年との別れを惜しんだとあります。勝之助は、冬なのに綿入れひとつ持っておらず、木綿の古袷着しか持っていませんでした、彼をかわいがっていた異国人たちは、「本国に連れて帰りたい。そうすれば、このような見苦しい衣類を着させるようなことはしないから」と、身振り手振りで漂流民たちに頼んだとあります（『通航一覧続輯』巻之百八）。

しかし、それはできないことでした。「異国人たちは、いたって情が深い様子で、別れの時にはみんなが勝之助のところに寄って、同じ言葉で口ぐちに暇乞いの言葉を告げていた。言葉はわからないが、おそらく、必ず健康に成長するのだぞ、との内容を言っていたと察せられる。」（「亜米利加船雑事」）

勝之助を含む漂流民十八人全員が上陸したのは「三月十四日夜也（さんがつ、じゅうよっか、よるなり）」と『相州浦賀江入津、異国船荒増』にあります。弘化二（一八四五）年の三月十四日のことでした。その後、彼らは宿にお預けとなりました。阿波側の船宿は倉田太之助、南部側は北五左衛門だったと『幸宝丸漂流一件聞書』にあります。

そして、いよいよマンハッタン号が浦賀湊を出て行く時がきました。

翌十五日の未明に、マンハッタン号は帰帆しました。その際、「引船数出ス（ひきふね、かずだす）」（『相州浦賀江入津、異国船荒増』）とあります。

浦賀から房総半島先端の洲崎まで、逆風の中を、数多くの小船がマンハッタン号を曳きました。十一日に、洲崎から浦賀に引船されて入って来た時（二〇九頁）と逆コースを取って、外海に導かれたのですね。

その時の様子を、のちにクーパー船長が友人のウインズロウ博士に語ったものが、『ホノルル・フレンド』紙（一四七頁）に載っています。次のような内容です。

数えきれないほどたくさんの小船が、マンハッタン号の舳先に長く長く繋がれた。小船は四艘ずつ横に並び、とても整然と進んだ。それは、千艘近くになると思われる無限の行列だった。それをながめるマンハッタン号の乗員たちには、ほとんど信じられないような壮観な光景だった。こうして、マンハッタン号は二十マイルの外海まで曳かれていった。こちらがそれ以上の援助を断らなければ、さらに先までマンハッタン号を運んでくれたに違いない。

それから、日本人はこちらに礼儀正しく別れを告げて、船団の長い列は、ゆっくりと優雅な動きで、岸へすべるように戻っていった。

まるで美しい絵を見ているような光景です。奉行所や諸藩の警固の船だけでなく、漁船や村役人が仕立てた船などを総動員した千艘の小船。それらが舞うように優美に、しかも逆風をものともしない力強くみごとな動きで、湾内から外海にマンハッタン号を運び、また優美に戻っていく。百七十年ほど前の日本では、このように技術と心とを兼ね備えた船の総合芸術が可能で、それが平然と行われていたのかと再認識し考えさせられます。

18 世紀の浦賀村絵図（横須賀市自然・人文博物館所蔵）

いる様子。マンハッタン号の時は、これよりはるかに多数の船が十重・二十重に取り囲み、夜には諸藩の固め提灯や篝火が、まるで白昼のように数知れず輝いた。

『会津藩浦賀湾警備状況絵巻』部分（会津若松市所蔵）

マンハッタン号来航より 27 年前の文政元（1818）年 5 月、交易を打診するために立ち寄ったイギリス商船ブラザーズ号が、防備していた会津藩の多くの船に囲まれて

マンハッタン号　(『続通信全覧』類輯之部 二八、外務省外交史料館所蔵)

# 参考文献

## A、直接古文書を読みたい（くずし字から読み取りたい）

- ・国立国会図書館所蔵『幸宝丸漂流一件聞書』（漂流記叢書84）
- ・国立公文書館内閣文庫所蔵史籍叢刊第35巻『弘化雑記』第三冊（汲古書院、一九八三年）
- ・東京大学史料編纂所所蔵維新史料引継本『弘化二年亜米利加船渡来絵巻』
- ・東京大学史料編纂所所蔵維新史料引継本『弘化乙巳漂民日記（弘化二年）』
- ・東京都立中央図書館近藤海事文庫所蔵『弘化改元詔書及弘化二年異国船渡来一件』
- ・東京都立中央図書館近藤海事文庫所蔵『海防彙議』巻十一
- ・東京海洋大学附属図書館越中島分館所蔵『撫養天野屋船南部船外船ニ被助聞書』
- ・東京海洋大学附属図書館越中島分館所蔵『乙巳漂客記聞』
- ・神戸大学海事博物館所蔵『弘化二巳年三月浦賀沖合江渡来亜米利加船并人物之図外器財之図』
- ・外務省外交史料館所蔵『続通信全覧』類輯之部二八「米国鯨漁船阿波下総両国ノ漂民護送浦賀へ渡来一件」
- ・同志社大学学術情報センター貴重資料室所蔵『海表異聞　寅二　小笠原島漂流記』

〈閲覧に関しては、それぞれの機関へ事前にお問い合わせください〉

## B、古文書の解読書を読みたい（文書にどんなことが書かれているか知りたい）

・「北亜墨利加船応接記　漂流人護送」（荒川秀俊編『近世漂流記集』法政大学出版局、一九六九年）
・「浮世の有様」（『日本庶民生活史料集成』第十一巻、三一書房、一九七〇年）
・石井研堂編『異国漂流奇譚集』（新人物往来社、一九七一年）
・『通航一覧続輯』第四巻（清文堂出版、一九七二年）
・「異国船取押方日記」（『浦賀奉行所関係史料』第四集、一九七二年）
・「阿州船幸宝丸漂流記」（石井研堂コレクション『江戸漂流記総集』第四巻、山下恒夫再編、日本評論社、一九九二年）
・「乙巳漂客記聞」（同右）

## C、お話として読みたい（小説・研究書・論文など）

・荒川秀俊「黒船以前に漂流民を送って来たアメリカ船」（『日本人漂流記』人物往来社、一九六四年）
・キャサリン・プラマー著、酒井正子訳『最初にアメリカを見た日本人』（日本放送出版協会、一九八九年）
・吉村昭『黒船』（中央公論社、一九九一年）
・平尾信子『黒船前夜の出会い――捕鯨船長クーパーの来航』（日本放送出版協会、一九九四年）
・古川博巳・古川哲史『日本人とアフリカ系アメリカ人――日米関係史におけるその諸相』（明石書店、二〇〇四年）

・荒川秀俊「マンハッタン号事件と土岐丹波守頼旨の人道的建議・処理」（『日本歴史』第252号、一九六九年）
・松木哲「アメリカ捕鯨船「マンハッタン」の浦賀寄港」（『神戸商船大学海事資料館年報No.11』一九八三年）
・佐渡谷紀代子「弘化2年マンハッタン号浦賀湊入津——日米交流と通詞森山栄之助への影響」（『多摩美術大学研究紀要』第11号、一九九六年）

## D、和船について知りたい（日本の船のしくみや航法を知りたい）

・「今西氏家船縄墨私記坤」（『日本庶民生活史料集成』第十巻、三一書房、一九七〇年）
・石井謙治責任編集『船』復元日本大観4（世界文化社、一九八八年）
・山県俠一『曳舟とその使用法』（成山堂書店、一九九二年）
・石井謙治『和船Ⅰ』（ものと人間の文化史76—Ⅰ、法政大学出版会、一九九五年）
・石井謙治『和船Ⅱ』（ものと人間の文化史76—Ⅱ、法政大学出版会、一九九五年）
・須藤利一編『船』（ものと人間の文化史1、法政大学出版会、一九六八年）
・石井謙治・安達裕之『船絵馬入門』（船の科学館叢書4、二〇〇四年）
・『弁才船、菱垣廻船／樽廻船』（船の科学館資料ガイド10、二〇一〇年）

# おわりに

浦賀は江戸への入口です。その浦賀に異国船が入港し、そこで日本人漂流民を引き渡すことは、ペリー以前の当時としては例外的なことでした。

マンハッタン号の場合、なぜそれが可能になったのでしょうか。

幕府に諸外国の情報がどれだけ入っていたか、それに基づいて外交防衛政策がどう変化しようとしていたか、日本国内の諸勢力の力関係がどうなっていたか、などいろいろな視点から考察する必要があります。そのひとつとして、本書の中の文書や絵などの史料から、直接私たちが読み取ることができたこの件に関する多くの人物たちの動きも、それを可能にさせた大きな要因だったと言えるでしょう。

管轄であり現場責任者である浦賀奉行の土岐頼旨は、職責を全うすることに専念すると同時に、漂流民の立場にもたっています。彼らの不安を解消して健康を守るためにはどうしたらよいかを考慮し、長崎へ廻航させることに反対しました。また、幕府の法令を守り、日本の立場を有利にすることを最重要にはしましたが、マンハッタン号の厚意にどう報いたらよいかも熟慮しました。しかも、このケースだけでなく、これから先の異国船への対応についても言及しています。これらの説得力ある進言が、幕府の中枢部にあった多くの強硬な反対意見を抑えて、二十七才の若き老中首座の阿部正弘を動かした側面は大きいでしょう。

そして、何より漂流者たちのその時々の知恵と勇気ある行動は秀逸です。難破しても、無人島に到着しても、決して絶望しませんでした。しっかり観察して状況を見極めています。異国船上でも、言葉が通じないはずなのによく見聞きし、身振り手振りでお互いに意志を伝え合っていました。日本の海岸に近づいた時には、代表たちを上陸させました。自分たちにも、助けてくれた異国船側にも処罰が及ばぬように事情を知らせようと、彼らが江戸と浦賀に急いで向かう姿には、物事の本質を自分たちなりに総体として把握している庶民の力強さを感じます。

もちろん、捕鯨という本来の仕事を中断して、助けて送ってくれたクーパー船長はじめマンハッタン号の乗員たちの誠実で温かい人柄なくしては、救助は成り立ちませんでした。船上で二艘の和船の船頭をクーパー船長と同等に扱ったこと、水主たち皆と涙ながらに別れを惜しんだことなど、乗員たちの姿は浦賀の役人たちの心を打ったとありますが、私たちの心にも染み入ります。

これらすべてが相まって、漂流民二十二人全員が、ひとりも欠けることなく全員助かったのだと、本当にほっとします。

古文書をより身近に感じていただきたいという願いを込めて、本書を書きました。

幸宝丸と千寿丸の漂流と救助、マンハッタン号の来航、という興味深い内容を読み進めるうちに、初めてくずし字をご覧になった方はもちろん、すでによく読める方も、古文書が読めればこんな世界が広がっているのかと、さらにわくわくしていただけたでしょうか。組み込んだ六十点余りの絵や地図は、その道案内になったでしょうか。

さて、ここからです。さらに学びを深めれば、より豊かな楽しみが待っています。

参考文献（二二九頁〜二三二頁）を、ご自分の興味に合わせて是非活用なさってください。

・「関連の文書を自分の力でもっと読んでみたい」と思われたら、**A、直接古文書を読みたい**、に挙げた文書にあたってみてください。

・「いや、くずし字を読むのはまだ自信がないけれど、それぞれの文書にどんなことが書かれているのか知りたい」と思われる方には、**B、古文書の解読書を読みたい**、をお勧めします。

・「まずは、マンハッタン号の件について書かれた本を読んでみよう」という方には、**C、お話として読みたい**、の小説・研究書・論文などです。

・「幸宝丸や千寿丸のような、日本の船のしくみや航法について知りたくなった」という方は、**D、和船について知りたい**、を読むと、詳しく知ることができます。

さらに広げて、江戸時代のほかの漂流についての記録を読んだり、廻船業や漁業など海や川をめぐる人や物の動きを探ったり、江戸後期から幕末にかけての日本と外国に関する書物を読んだり、十九世紀の欧米の捕鯨について調べたりなども、興味深いと思います。

江戸時代を通じて、どの地域に残っている古文書も、くずし方の作法はほとんど同じです。これを機に、拙著『古文書はじめの一歩』などで、くずし字に挑戦していただければうれしいです。そして、古文書の行間から浮かび上がってくる江戸時代を楽しんでください。

本書で使用させていただきました文書の所蔵者・所蔵機関の皆々様に、深く感謝申し上げます。力強くサポートしていただきました柏書房の小代渉氏をはじめ、本書を執筆するにあたりお世話になりましたすべての方々に、心からお礼申し上げます。

**著者略歴**　油井　宏子（あぶらい　ひろこ）

1953年　千葉県市川市生まれ。
1976年　東京女子大学文理学部史学科卒業。
船橋市、市川市の公立中学校教諭を経て、
1989年からＮＨＫ学園古文書講師。
近世史や古文書を学ぶ面白さを、全国各地の講座やシンポジウムで紹介している。
市川市博物館協議会委員。

**おもな著書・監修・論文など**
『江戸奉公人の心得帖――呉服商白木屋の日常』（新潮新書、2007年）
DVD版『油井宏子の楽しく読める古文書講座』全5巻（紀伊國屋書店・柏書房、2007年）
『そうだったのか江戸時代――古文書が語る意外な真実』（柏書房、2010年）
『江戸時代＆古文書 虎の巻』（柏書房、2009年）
『古文書はじめの一歩』（柏書房、2008年）
『江戸が大好きになる古文書』（柏書房、2007年）
『古文書はこんなに魅力的』（柏書房、2006年）
『古文書はこんなに面白い』（柏書房、2005年）
『古文書検定　入門編』（柏書房、2005年）
「銚子醤油醸造業における雇傭労働」（『論集きんせい』第4号、東京大学近世史研究会、1980年）
「醤油」（『講座・日本技術の社会史』第1巻 農業・農産加工、日本評論社、1983年）
『国史大辞典』（吉川弘文館）に「銚子醤油」など4項目執筆。


絵《え》で学《まな》ぶ古文書講座《こもんじょこうざ》――漂流民《ひょうりゅうみん》と異国船《いこくせん》との出会《であ》い

2011年5月1日　第1刷発行

著　者　油井宏子
発行者　富澤凡子
発行所　柏書房株式会社
〒113-0021 東京都文京区本駒込1-13-14
Tel. 03-3947-8251［営業］
03-3947-8254［編集］
装　丁　常松靖史（TUNE）
組　版　ハッシィ
印　刷　壮光舎印刷株式会社
製　本　株式会社ブックアート




ISBN978-4-7601-3978-1